ÓN FHRAINCIS

ÓN FHRAINCIS

Breandán Ó Doibhlin

Lagan Press/
Fortnight Educational Trust
Béal Feirste
1994

Arna Fhoilsiú ag
Lagan Press
PO Box 110 BT12 4AB, Belfast

Fortnight Educational Trust
7 Lower Crescent, Béal Feirste, BT7 1NR

Eagarthóir Ginearálta: Pól Ó Muirí

Tá an leabhar seo á fhoilsiú le cabhair ó Sheirbhís Chultúrtha na Fraince
agus Bord na Leabhar Gaeilge, agus tá ár mbuíochas ag gabháil dóibh.
Nous remercions le Service Culturel de l'Ambassade de France à Dublin
de l'aide financiére qu'ils ont bien voulu apporter à la publication de ce livre.

ISBN: 1 873687 50 8
Údar: Ó Doibhlin
Teideal: Ón Fhraincis: Aistriúcháin
Formáid:Bogchlúdach
1994

Clúdach: 'Under the Cherry Tree' le Sir John Lavery
(Le caoinchead Iarsmalann Uladh)
Dearadh: December Publications
Curtha in 10.5/13.5 pt Bembo
Arna Chlóbhualadh ag Noel Murphy Printing, Belfast

à
Suzanne et Jean
Batbedat

Géar-aigne na Fraince agus na Gréige,
Ceol na hAlban agus na hÉireann.
                    —Somhairle Mac Gill-Eáin

CLÁR

Réamhrá

Theastaigh uaim, agus an deascán seo d'fhilíocht liriciúil na Fraincise á chur i láthair phobal na Gaeilge agam, go mbeadh radharc le fáil acu, an méid díobh nach bhfuil sa Fhraincis acu ach cuimhne ó aimsir a scolaíochta, ar thraidisiún liteartha eile seachas traidisiún na Gaeilge agus an Bhéarla. Deirtear coitianta gurb í an chomparáid agus an cur-i-gcoibhneas is tús le toighis liteartha; ba chóir mar sin go mbeadh radharc ar thraidisiún difriúil ina spreagadh agus ina údar le tuiscint níos grinne agus dúil níos doimhne san ealaín sin lena gcuireann an duine daonna friotal focal ar ghluaiseacht a aigne agus a anam agus a chroí.

Is cumas do na Gaeil le fada a litríocht féin a chur i gcomórtas le litríocht an Bhéarla, ar ndóighe, cé gur beag iarracht substaintiúil dá léithéid a rinneadh, feicthear domh, má fhágaimid aistí an Dr. Declan Kiberd as an áireamh. Mura bhfuil dul amú orm, an gnáthGhael ar múineadh litríocht an Bhéarla dó ar scoil mar norm na litríochta, nuair a léann sé litríocht na Gaeilge agus go dtugann faoi deara gur mór idir í agus an traidisiún atá ar eolas aige, bíonn iarracht d'éiginnteacht agus d'amhras air i leith foirmeacha agus ábhair agus coinbhinsiúin na Gaeilge. Ní hé atá mé a rá go bhfuil leigheas an ghalair sin (más ann dó) sa duanaire seo, mar tar éis an tsaoil is comhgaraí an Fhraincis do thraidisiún an Bhéarla (nach minic a tionchar le brath air!) ná mar atá litríocht na Gaeilge. Ní bheadh uaim ach fonn ceoil úr, macalla den saintéad a ghabhann le gach teanga ar leith, a sheinm le cluasa Éireannacha, agus, b'fhéidir, sa tslí sin breis measa a thabhairt dóibh ar ghuth na Gaeilge i measc claisceadal na náisiún.

Is í seo an áit, fairíor, a dtagann an crú ar an táirne, óir cé méid is féidir de shainghlór teanga amháin a thiontú go teanga eile, go háirithe i gcás na filíochta. 'Traduttore, traditore' a deir an leathfhocal Iodálach, 'aistritheoir, brathadóir', agus níl fhios ná gurab í eisint na filíochta a éalaíonn uainn idir chleith agus ursain nuair a athchumtar í i dteanga eile. San am céanna, níor bhac an baol sin riamh ar lucht léinn a bheith ag iarraidh saibhreas teanga amháin a chur i seilbh teanga eile, mar i ndúil go n-osclódh siad fuinneog a bhéarfadh radharc úr ar thírdreach an

[15]

tsaoil dhaonna. Ní furasta uirlis chultúir a dhéanamh as teanga nach raibh inti ach ábhar meánscoile, rud is léir i gcás na Fraincise in Éirinn, mar cé go ndéanann ochtó faoin gcéad dínn staidéar uirthi, ní fuinneog í ar an domhan ach ag mionlach.

Is é sin an fáth go bhfuil an deascán seo á chur i láthair sa dá theanga, sa chaoi gur féidir leis an léitheoir cos bhacach an aistriúcháin a chur i gcomórtas go seasta le heití na fíorfhilíochta, más toil sin leis. Beidh ar a chumas, má dhéanann, blas beag a fháil de stair fhada na liriciúlachta sa bhFraincis, óir, cé nach bhfuil ann ach corradh beag le leithchéad dán, agus dánta gearra den chuid is mó, tá samplaí le fáil ann de mhórán gnéithe den traidisiún úd, ón 'amour courtois' agus sainghuth na Meánaoise trí shoinéid an Renaissance agus an Bharócachais anuas go dtí an Rómánsachas agus an Siombalachas agus ilghlórthaí na filíochta nua-aimseartha ar tháirseach na fichiú aoise. Óir ní hé an chuid is lú de mo dhóchas go musclófaí spéis ghníomhach i measc léitheoirí i dtraidisiún liteartha na Fraince, a bhfuil tábhacht ar leith ag dul leis, dar liom, do phobal na Gaeilge. Tar éis an tsaoil, is litríocht de chuid ár gcomharsanachta í a ndeachaigh a tionchar i bhfeidhm ar an Ghaeilge go minic agus go domhain, agus nach raibh gan inspioráid a tharraingt, go neamhdhíreach ar a laghad, as foinsí na Gaeilge. Measaim fós, na cáilíochtaí a thugtar suas go coitianta don litríocht sin, a géire agus a grinneas intleachta, a cruinneas cainte, a cuannacht friotail, gur cáilíochtaí iad a rachadh ar sochar do shaothrú na Gaeilge, a fágadh chomh fada sin in éagmais na n-acmhainní agus na n-institiúidí a thugann canúin in aibíocht.

Maidir le roghnú na ndánta agus teicníocht an aistriúcháin, beidh a dtuairim féin ag léitheoirí agus criticeoirí den dá rud. Ní dhéarfainnse ach gur thug mé faoi leanúnacht agus éagsúlacht dhúchas na Fraincise a léiriú, ní amháin ó thaobh imeacht aimsire, ach ag féachaint chomh maith le hacmhainn na Gaeilge a phromhadh ar liriciúlacht dhíreach na Meánaoise, ag Villon abair, agus ar intleachtúlacht theibí na fichiú aoise ag Valéry; ar fhoirm dhocht shoinéad na Fraincise sa Renaissance agus scaoilteacht rithime Claudel, nó Péguy, nó Apollinaire, beagnach inár linn féin.

Ní furasta friotal fileata a aimsiú sa Ghaeilge a bhéarfadh cuid éigin de thréathra na Fraincise leis. Sa chéad dul síos, is filíocht shiollabach filíocht na Fraincise, ach is fada an córas sin imithe i léig sa Ghaeilge. Theastaigh uaim san am céanna cloí chomh dlúth agus a b'fhéidir le crot na Fraincise, ó thaobh fad na línte mar shampla agus patrún na ríme. Chonacthas domh go raibh gné amháin de choiteann ag an dá thraidisiún meadarachta a bhféadfaí adhmad a bhaint as. Mar shampla, más líne dhá shiolla dhéag an *alexandrin*, an líne is coitianta sa bhFraincis, ní lúide sin atá ceithre ghuta fhada ann go hiondúil. Níl sin neamhchosúil uilig leis an chóras de ghutaí béimnithe is bun le meadarachtaí an Amhráin, cé go mba iomarcach é an lá atá inniu ann, ó thaobh na cluaise agus na castachta araon, rím inmheánach an Amhráin a úsáid. Ar an dóigh sin, líne Victor Hugo: "Maintenant que mon temps décroît comme un flambeau, bhéarfaidh sé:/ Anois nuair atá mo shaol mar lóchrann in earr a ré."

Ní cúrsaí meadarachta, áfach, is deacra, b'fhéidir, sa phróiséas seo an aistriúcháin ó Fhraincis go Gaeilge; i ndeireadh na dála, is tacaíocht thréanláidir é cumas ceoil agus reitrice na Gaeilge féin. Ach is scéal eile é cúrsaí friotail agus foclaíochta, go háirithe ón 18ú haois ar aghaidh nuair a bhí meon úr ag fabhrú ar fud na hEorpa agus réim intleachta na Gaeilge ag cúngú i dtreo an neamhní. Má tá sé éasca go leor stór focal Villon ina dhuan in onóir don Mhaighdin Muire a athchruthú i nGaeilge (go deimhin chuirfeadh sé Pádraigín Haicéad i gcuimhne duit uaireanta), ní hamhlaidh ar chor ar bith nuair is gá culaith Ghaeilge a aimsiú do shamhlaíocht fhiáin Rimbaud in 'An tArthach Meisce', nó don téarmaíocht fhealsúnta agus an réim thagartha chlasaiceach ag Paul Valéry in 'An Reilig cois na Mara'. Is minic an t-aistritheoir ag iarraidh ar fhocal Gaeilge lucht brí agus allabhrachta a iompar nach bhfuil forbartha ann go fóill. Ach ina dhiaidh sin, níl an dara bealach ann ach an saothrú sin chun teanga a thabhairt in éifeacht, agus is gné eile fós é den éadáil a thugann feidhm an aistriúcháin d'acmhainn na teanga.

Cúrsaí tromchúiseacha, áfach, is ea iad sin. Ná cuireadh siad as don léitheoir ach sa méid is lú is féidir. Ar mhaithe le taitneamh pearsanta a rinneadh na tiontuithe seo, agus is é is cuspóir leo dáiríre pléisiúr agus sásamh a thabhairt dóibh siúd a bhfuil dúil agus dúthracht na filíochta iontu.

Breandán Ó Doibhlin
26 Aibreán 1994

JAUFRÉ RUDEL
(fl. 1150)

LANQUAND LI JORN SON LONC EN MAI

Lanquand li jorn son lonc en mai, m'es bels douz chans d'auzels de loing. e quand me sui partiz de lai. remembra-m d'un'amor de loing. vauc de talan enbroncs e clis. si que chans ni flors d'albespis. no-m platz plus que l'inverns gelatz.

Ja mais d'amor no-m gauzirai. si no-m gau d'est'amor de loing. que genser ni meillor non sai. vas nuilla part ni pres ni loing. tant es sos pretz verais e fis. que lai el renc dels sarrazis. fos eu per lieis chaitius clamatz.

Iratz e gauzens m'en partrai. qan veirai cest amor de loing. mas non sai coras la-m veirai. car trop son nostras terras loing. assatz i a portz e camis. e per aisso non sui devis. mas tot sia com a Dieu platz.

Be-m parra jois qan li qerai. per amor Dieu l'amor de loing. e s'a lieis plai albergarai. pres de lieis si be-m sui de loing. adoncs parra-l parlamens fis. qand drutz loindas er tant vezis. c'ab bels digz jauzirai solatz.

Ben tenc lo Seignor per verai. per qu'ieu veirai l'amor de loing. mas per un ben que m'en eschai. n'ai dos mals car tant m'es de loing. ai car me fos lai peleris. si que mos fustz e mos tapis. fos pelz sieus bels huoills remiratz.

Dieus qe fetz tot qant ve ni vai. e fermet cest'amor de loing. me don poder qe-l cor eu n'ai. q'en breu veia l'amor de loing. veraimen en locs aizis. si qe la cambra e-l jardis. mi resembles totz temps palatz.

Ver ditz qui m'apella lechai. ni desiran d'amor de loing. car nuill

JAUFRÉ RUDEL
(fl. 1150)

AN GRÁ I GCÉIN

I mBealtaine agus fad ag teacht sa lá,
Is geal liom ceol éanacha i gcéin;
A's mo chuimhne ag imeacht léi ar fán,
Meabhraíonn dom an grá seo liom i gcéin.
Imím liom a's cruit orm le fonn
A's ní fearr liom ceol nó bláth an droighneán donn
Ná an geimhreadh faoina shioc agus a reo.

Taitneamh ní bheidh choíche agam ar ghrá
Mura mblaisfidh mé den ghrá úd liom i gcéin,
Óir ní heol dom neach is féile ná is fearr
In áit ar bith i gcóngar ná i gcéin.
Tá a heineachlann chomh dearbh sin, dar liom,
Nár ní liom bheith i mo chime ar a son
I gcríoch na Saraistíní thall go deo.

Rachad liom faoi lúcháir a's faoi chrá
Nuair a chífead an grá úd liom i gcéin;
Ach ní heolach mé go bhfeicfead í go brách
Mar is fada ó chéile atá ár dtíortha i gcéin.
Is iomaí céim a's cosán atá ann
A's ní fáidh mé a dhéanfadh fáistine ar mo shon,
Ach go raibh déanta mar is toil le Dia beo.

Aoibhneas is ea gheobhad nuair a iarrfad uirthi áit,
I ngeall ar Dhia, ar an ghrá úd liom i gcéin,
Agus, más toil Leis, rachadsa ina dáil
In aice léi, cé táim anois i gcéin.
Is ann a bheidh eadrainn caidreamh agus cion,

autre jois tant no-m plai. cum jauzimens d'amor de loing. mas so q'ieu vuoili m'es tant ahis. q'enaissi-m fadet mos pairis. q'ieu ames e non fo amatz.

Mas so q'iezu vuoill m'es tant ahis. totz sia mauditz lo pairis. qe-m fadet q'ieu non fos amatz.

Mise an leannán i gcéin agus mo chuid,
A's só agam á bhaint as a comhrá cóir.

Is fírinneach, dar liom, an Tiarna ard
A bhfeicfead tríd an ghrá úd liom i gcéin;
Ach má tá maith amháin agam dá bharr,
Tá crá faoi dhó orm toisc í bheith i gcéin.
Uch, nár bhreá bheith i m'oilithreach anonn
Le go mbeadh mo throstán agus m'fhallaing dhonn
Le feiceáil ag a gealrosc álainn beo!

An Dia a chruthaigh an tuiliú a's an trá
A's a dhealbhaigh leis an grá úd liom i gcéin,
Go dtuga dom, mar is mór atáim ina ghá,
Go bhfeicfead fós an grá úd liom i gcéin,
A's í chomh haoibhinn ina háitreabh gloin'
Go dtaibhreofar faoi bhuanloinnir dom
Seomra a's gáirdín mar bheadh ina bpálás óir!

Is fíor don té adeir go bhfuil orm práinn
A's diócas chun an ghrá úd liom i gcéin;
Níl gairdeas ann a thaitníonn liom níos fearr
Ná thaitníonn an grá úd liom i gcéin.
Ach an ní is mó atá uaim, níor tugadh dom,
Mar is amhlaidh sin a chaith mo phátrún liom,
Gur thug mé grá a's gan grá le fáil ina chomhair.

Ach an ní is mó atá uaim, níor tugadh dom,
A's mo mhallacht mar sin go dtaga ar an phátrún liom
A d'fhág i ngrá mé a's gan grá le fáil ina chomhair.

CHRISTINE DE PISAN
(1363-1431)

SEULETTE SUIS ...

Seulette suis, et seulette veuil estre,
Seulette m'a mon doulx ami laissiée,
Seulette suis sans compagnon ne maitre,
Seulette suis dolente et courrouciée,
Seulette suis en languour maisaissiée,
Seulette suis plus que nulle esgarée,
Seulette suis sans ami demourée.

Seulette suis à huis ou à fenestre,
Seulette suis pour moi de plours repaistée,
Seulette suis dolente ou appaisiée,
Seulette suis, rien est qui tant messiée,
Seulette suis en ma chambre enserrée,
Seulette suis sans ami demourée.

Seulette suis pour tout et tout estée,
Seulette suis ou je vois je siée,
Seulette suis plus que autre riens traistiée,
Seulette suis de chascun délaissiée,
Seulette suis durement abbaissiée,
Seulette suis souvent toute esplorée,
Seulette suis sans ami demourée.

Princes, or est ma douleur commenciée,
Seulette suis de tout dueil menacée,
Seulette suis, plus tainte que morée,
Seulette suis sans ami demourée.

CHRISTINE DE PISAN
(1363-1431)

I M'AONAR TÁIM ...

I m'aonar táim, i m'aonar mairfead ann;
I m'aonar is amhlaidh d'fhág m'fhear cumainn mé;
I m'aonar táim gan chompánach gan cheann,
I m'aonar táim lán feirge agus léin,
I m'aonar táim le himní ag dul i léig,
I m'aonar táim, níl bean is faide ar strae,
I m'aonar táim gan leannán le mo thaobh.

I m'aonar táim ag fuinneog nó doras tí,
I m'aonar táim i gcúinne beag liom féin;
I m'aonar táim do mo chothú féin le caí,
I m'aonar táim, a's glór mo chaointe réidh,
I m'aonar táim, níl a athrach a shásódh mé,
I m'aonar táim i mo sheomra cuachta tréith,
I m'aonar táim gan leannán le mo thaobh.

I m'aonar táim pé áit, pé chaoi a mbím,
I m'aonar táim níos mó ná neach sa saol;
I m'aonar táim i mo sheasamh dom nó i mo shuí
I m'aonar táim a's tréigthe ag gach aon,
I m'aonar táim a's náirithe go héag,
I m'aonar táim, is minic mé ag gol go géar,
I m'aonar táim gan leannán le mo thaobh.

An uain seo, a fhlatha, is tús le mo léan,
I m'aonar táim faoi bhagairt ag gach péin,
I m'aonar táim, ní duibhe dubh ná mé,
I m'aonar táim gan leannán le mo thaobh.

CHARLES d'ORLÉANS
(1391-1465)

EN REGARDANT VERS LE PAYS DE FRANCE

En regardant vers le pays de France,
Un jour m'advint, à Douvres sur la mer,
Qu'il me souvint de la douce plaisance
Que je souloie au dit pays trouver.
Si commençai de coeur à soupirer,
Combien certes que grand bien me faisoit
De voir France que mon coeur aimer doit.

Je m'avisai que c'était nonsavance
De tels soupirs dedans mon coeur garder,
Vu que je vois que la voie commence
De bonne Paix, qui tous biens peut donner;
Pour ce, tournai en confort mon penser
Mais non pourtant mon coeur ne se lassoit
De voir France que mon coeur aimer doit.

Alors chargeai en la nef d'Espérance
Tous mes souhaits, en leur priant d'aller
Outre la mer sans faire demeurance,
Et à France de me recommander.
Or nous doint Dieu bonne Paix sans tarder:
Adonc aurai loisir, mais qu'ainsi soit,
De voir France que mon coeur aimer doit.

Paix est trésor qu'on ne peut trop louer:
Je hais guerre, point ne la dois priser:
Destourbé m'a longtemps, soit tort ou droit,
De voir France que mon coeur aimer doit.

CHARLES d'ORLÉANS
(1391–1465)

AG BREATHNÚ DOM AR THÍR NA FRAINCE Ó DHEAS ...

Ag breathnú dom ar thír na Fraince ó dheas
'Sea tharla lá i nDóbhar cois na trá
Gur rith liom ann an sult a's suairceas
Ba ghnách agam sa tír úd adeirim tráth.
Gur bhorraigh tocht im chroí a's ochlán
D'ainneoin ar ndó go mba shochar dom a's brí
An Fhrainc a fheiceáil dá ndlím grá mo chroí.

Thugas do m'aire gur dhuine mé gan chiall
An osnaíl sin im chroí bheith i bhfolach,
Ós léir dom feasta muid bheith seolta ar shlí
Na síochána dar dual gach maith a theacht;
Mar sin, i m'intinn mhúscail mé misneach.
Mo chroí féin ámh níor dhóthanach a choích'
Den Fhrainc a fheiceáil dá ndlím grá mo chroí.

Ar long an Dóchais lastáil mé ina lucht
Mo mhianta ar fad, a's chuir mé iad chun seoil
Thar cuan amach gan mórchónaí gan sos
Ionsar an Fhrainc ag breith mo bheannacht leo.
Síocháin mar sin go ndeona Dia go beo,
Go mbeidh mé in ann, a's seo go dian mo ghuí,
An Fhrainc a fheiceáil dá ndlím grá mo chroí.

Seod í síocháin nach féidir a mholadh thar fóir;
Cogadh is gráin liom, puinn meas agam air ní cóir:
Choisc orm le fada riamh, cuma sin cearr nó cuí,
An Fhrainc a fheiceáil dá ndlím grá mo chroí.

MA SEULE AMOUR, MA JOYE ET MA MAISTRESSE ...

Ma seule amour, ma joye et ma maistresse,
Puisqu'il me fault loing de vous demorer,
Je n'ay plus riens, a me reconforter,
Qu'un souvenir pour retenir lyesse.

En allegant, par Espoir, ma destresse,
Me convendra le temps ainsi passer,
Ma seule amour, ma joye et ma maistresse,
Puisqu'il me fault loing de vous demorer.

Car mon las cueur, bien garny de tristesse,
S'en est voulu avecques vous aler,
Ne je ne puis jamais le recouvrer,
Jusques verray vostre belle jeunesse,
Ma seule amour, ma joye et ma maitresse.

A AONGHRÁ LIOM ...

A aonghrá liom, mo cheol a's mo leannán sí,
Ós gá dom bheith an fhad seo uait i gcéin,
Níl fágtha agam de shólás i mo phéin,
Ach cuimhne ort chun aoibhnis i mo chroí.

Dóchas is fearr is faoiseamh dom im phian
A's fastaím fós is fearr i gcaitheamh an lae,
A aonghrá liom, mo cheol a's mo leannán sí,
Ós gá dom bheith an fhad seo uait i gcéin.

An croí seo liom atá tuirseach trom le cian,
Do chinn ar imeacht leatsa feadh a ré,
A's ní éireoidh liom é a fháil ar ais faoi réir,
Go bhfeicead arís do scéimh a's d'óige dhíl,
A aonghrá liom, mo cheol a's mo leannán sí.

FRANÇOIS VILLON
(1431-c 1463)

BALLADE POUR PRIER NOTRE DAME

Dame du ciel, régente terrienne,
Emperière des infernaux palus,
Recevez-moi, votre humble chrétienne,
Que comprise soie entre vos élus,
Ce nonobstant qu'onques rien ne valus.
Les biens de vous, ma Dame et ma Maîtresse,
Sont trop plus grands que ne suis pécheresse,
Sans lesquels biens âme ne peut mérir
N'avoir les cieux. Je n'en suis jangleresse:
En cette foi je veuil vivre et mourir.

A votre Fils dites que je suis sienne;
De lui soient mes péchés abolus;
Pardonne moi comme à l'Égyptienne
Ou comme il fit au clerc Theophilus,
Lequel par vous fut quitte et absolus
Combien qu'il eût au diable fait promesse.
Préservez-moi que ne fasse jamais ce,
Vierge portant, sans rompure encourir,
Le sacrement qu'on célèbre à la messe:
En cette foi je veuil vivre et mourir.

Femme je suis pauvrette et ancienne,
Qui rien ne sais; oncques lettre ne lus.
Au moutier vois, dont suis paroissienne,
Paradis peint où sont harpes et luths,
Et un enfer où damnés sont boullus:
L'un me fait peur, l'autre joie et liesse.
La joie avoir me fais, haute déesse,

FRANÇOIS VILLON
(1431–c1463)

AMHRÁN AG GUÍ NA MAIGHDINE MUIRE

A Bhanríon na bhflaitheas dá sléachtann talamh a's tír,
A Chéile an Ardrí os eanachaibh Ifrinn fhuair,
Gabh le d'ais mé, agraím, do chara as Críost
A's áirigh go pras mé i measc do chuid fíréan umhal,
D'ainneoin gur follas nach fiú mé tada ó thús.
A Bhanaltra shéimh liom, a mhaise na mban go léir,
Is treise do ghrásta ná a ndearnas de pheaca lem' ré;
In éamais do chabhrach is folamh gan fabhar do chách
A's gan fáil ar Neamh; geallaim go beacht gan bhréag
Sa Chré sin go daingean go gcaithfead mo sheal go bás.

Abair led' Mhac gur leis mé anois a's go deo
A's ná hagradh sé orm mo pheaca ná teacht thairis liom;
Go maithe sé dhom mar Mháire na hÉiphte fadó
Nó mar chaith sé go cáidh le Teofail an cléireach tiom,
Fuair aspalóid uaibh a's maithiúnas ina chion,
Tar éis margadh a dhéanamh le Spiorad an éithigh féin.
Diúltaímis dó a's nár lige tú dom a léithéid,
A Mhaighdean a d'iompair gan pheaca gan mháchail gan smál
D'Aonmhac mar atá sé san Aifreann ar altóir Dé:
Sa Chré sin go daingean 'sea chaithfead mo sheal go bás.

Seanbhean is ea mise a's mé bocht agus creapallta críon,
Nach eolach ar aon ní a's nár léas riamh líne lem' bheo;
Feicim sa teampall sa pharóiste seo mar a mbím
Parthas ina phictiúr a's cláirseachaí ann ag ceol,
A's radharc ar Ifreann a's damantaigh ann á ndó:
Móide mo chrá, murach áthas a's aoibhneas bheith thall;
An t-áthas sin roinn liom, a Mhuire na mínrosc mall,

[29]

A qui pécheurs doivent tous recourir,
Comblés de foi, sans feinte ne paresse:
En cette foi je veuil vivre et mourir.

Vous portâtes, digne Vierge, princesse,
Jésus régnant qui n'a ne fin ne cesse.
Le Tout-Puissant, prenant notre faiblesse,
Laissa les cieux et nous vint secourir,
Offrit à la mort sa très clère jeunesse;
Notre Seigneur tel est, tel le confesse:
En cette foi je veuil vivre et mourir.

Ós tusa is dleathach mar thearmainn do pheacaigh de ghnách,
Ach creideamh bheith acu go forlán gan bhréag gan feall:
Sa Chré sin go daingean 'sea chaithfead mo sheal go bás.

Tusa a d'iompair, a Mhaighdean chaomh a's a Ríon,
Íosa an tArdrí, nach dual dó claochlú ná críoch:
Is é Dia na gcumhacht é a thóg ár laige ar a dhroim,
D'fhág ríocht na bhflaitheas ina dhiaidh dár dtarrtháil,
A's thairg don éag a ghéaga óg-álainn díl;
Ár dTiarna a's ár Rí é, a's fógraím sin bheith fíor:
Sa Chré sin go daingean 'sea chaithfead mo sheal go bás.

L'ÉPITAPHE DE VILLON

Frères humains qui après nous vivez,
N'ayez les coeurs contre nous endurcis,
Car, se pitié de nous pauvres avez,
Dieu en aura plus tôt de vous mercis.
Vous nous voyez ci attachés cinq, six:
Quant de la chair que trop avons nourrie,
Elle est piéça devorée et pourrie,
Et nous, les os, devenons cendre et poudre.
De notre mal personne ne s'en rie;
Mais priez Dieu que tous nous veuille absoudre!

Se frères vous clamons, pas n'en devez
Avoir dédain, quoique fûmes occis
Par justice. Toutefois, vous savez
Que tous hommes n'ont pas bon sens rassis;
Excusez-nous, puisque sommes transis,
Envers le fils de la Vierge Marie,
Que sa grâce ne soit pour nous tarie,
Nous préservant de l'infernale foudre.
Nous sommes morts, âme ne nous harie,
Mais priez Dieu que tous nous veuille absoudre!

La pluie nous a débués et lavés,
Et le soleil desséchés et noircis;
Pies, corbeaux, nous ont les yeux cavés,
Et arraché la barbe et les sourcils.
Jamais nul temps nous ne sommes assis;
Puis çà, puis là, comme le vent varie,
A son plaisir sans cesser nous charrie,
Plus becquetés d'oiseaux que dés à coudre.
Ne soyez donc de notre confrérie;
Mais priez Dieu que tous nous veuille absoudre!

FEARTLAOI VILLON

A bhráithre daonna ar beo díbh fós dár n-éis,
Ná cruaigí bhur gcroí inár gcoinne le bhur gcead,
Óir más trua libh sinn, bhur ngaol bocht féin,
Is luaithe chughaibhse trócaire Dé dá dheasc'.
Crochta os bhur gcomhair atáimid, a sé, a seacht:
Mar leis an chorp a bheathaigh muid thar beart,
Is stróicthe lofa atá sé anois le seal,
Is sinn na cnámha ag titim i luaith is i gcré.
Fán olc seo orainn ábhacht ná déanadh neach,
Ach guígí go maithe Dia dhúinn go léir.

Más bráithre a deirimid libh, ní móide is cóir
Gur beag oraibh sin, cé daoradh sinn chun báis
Le hiomlán ceart is dlí. Ach díbh is eol
Nár gealladh ciall is stuaim de ghnáth do chách;
Gabhaigí leor linn, triallta anonn mar atáim
'Sar Aonmhac án na Maighdine Muire na nGrás,
A cheansacht linn nár thé i ndísc ná i dtrá,
Dár gcumhdach fós ar Ifreann is ar a chaor.
Marbh mar atáimid, ná bíodh éinne ár gcrá,
Ach guigh go maithe Dia dhúinn go léir.

Nite báite atáimid le stoirm is síon,
Scallta ag grian is sinn chomh dubh le gual:
Na súile stróicthe as ár mblaosc ag feannóg is fiach,
Féasóg is fabhraí is malaí stoite anuas.
Go deo is go brách ní heol dúinn síth ná suan,
Ar suaitheadh anonn is anall le gaoth is le cuach,
De réir a dtoil gan sos ár seoladh ar cuairt,
Níos criathraí ná méaracáin ag éin an aeir.
Ná ceanglaigí mar sin inár gcomhaltas trua,
Ach guigh go maithe Dia dhúinn go léir.

Prince Jésus, qui sur tous a maîtrie,
Garde qu'Enfer n'ait de nous seigneurie:
A lui n'ayons que faire ne que soudre.
Hommes, ici n'a point de moquerie;
Mais priez Dieu que tous nous veuille absoudre!

A Íosa, a Ardfhlaith, ar dual duit ceannas chách,
Díon ar Ifreann is a ansmacht sinn go brách,
Gan páirt againn leis, ná a cháin le díol go daor.
A fheara, ní magadh sin puinn mar is trua ár gcás;
Ach guigh go maithe Dia dhúinn go léir.

JOACHIM DU BELLAY
(1522-1560)

HEUREUX QUI, COMME ULYSSE ...

Heureux qui, comme Ulysse, a fait un beau voyage,
Ou comme cestuy là qui conquit la toison,
Et puis est retourné, plein d'usage et raison,
Vivre entre ses parents le reste de son aage!

Quand revoiray-je, helas, de mon petit village
Fumer la cheminee: et en quelle saison
Revoiray-je le clos de ma pauvre maison,
Qui m'est une province, et beaucoup d'avantage?

Plus me plaist le sejour qu'ont basty mes ayeux,
Que des palais Romains le front audacieux:
Plus que le marbre dur me plaist l'ardoise fine,

Plus mon Loire Gaulois, que le Tibre Latin,
Plus mon petit Liré, que le mont Palatin,
Et plus que l'air marin la doulceur Angevine.

JOACHIM DU BELLAY
(1522-1560)

IS MÉANAR AR NÓS ÚILISÉAS ...

Is méanar, ar nós Úiliséas, a sheol an bóchna baoil,
Nó ar chuma an té úd eile a bhuaigh lomra an óir,
A's a d'fhill abhaile ina dhiaidh sin lán stuamachta a's eoil,
A's chaith i measc a mhuintire an seal a mhair dá shaol.

Cá fada fairíor go bhfeicim sráid mo bhaile féin arís
A's toit an tsimné ag éirí uaidh: cén tráth go mall nó moch
A bhfeicfidh mé in athuair mo gharraí a's mo theachín bocht,
Gur ríocht atá ann, dar liomsa, a's i bhfad níos mó ná ríocht?

Is fearr a thaitníonn liom an t-áitreabh a thógadar mo shean
Ná páláis na Róimhe agus poimp a n-éadan teann;
Is fearr liom ná an marmar crua an slinnteach maoth a's mín,

Is fearr liom mo Lóire gailleach ná an Tíbir laidneach lán,
Is fearr liom mo Líré bídeach ná an Cnoc Palaitíneach ard,
Agus is fearr ná goimh an tsáile aithleá séimh mo dhúiche chaoin.

LOUISE LABÉ
(1522-1566)

JE VIS, JE MEURS, JE ME BRULE ET ME NOYE ...

Je vis, je meurs, je me brule et me noye.
J'ay chaut estrème en endurant froidure:
La vie m'est et trop molle et trop dure.
J'ay grans ennuis entremeslez de joye:

Tout à coup je ris et je larmoye,
Et en plaisir maint grief tourment j'endure;
Mon bien s'en va, et à jamais il dure;
Tout en un coup je seiche et je verdoye.

Ainsi Amour inconstamment me meine:
Et quand je pense avoir plus de douleur,
Sans y penser je me treuve hors de peine.

Puis quand je croy ma joye estre certeine,
Et estre au haut de mon désiré heur,
Il me remet en mon premier malheur.

LOUISE LABÉ
(1522-1566)

MAIRIM, ÉAGAIM ...

Mairim, éagaim, táim do mo dhó a's mo bhá.
Táim te amach a's mé ag fulang fuacht':
tá an saol i bhfad ró-bhog dom a's ró-chrua.
Tá buaireamh orm, a's sult i lár mo chrá:

D'aon bhuille amháin tig gáire orm a's caí,
Le linn pléisiúir is minic sin airím brón;
Sciúrdann sonas uaim a's dainneoin sin maireann go fóill:
D'aon iarraidh amháin táim feoite a's glas arís.

Is luaineach mar sin mé do mo chinnireacht ag Grá:
A's an uair, dar liom, is mó atáim faoi léan,
Is ann gan fhios dom a airím mé gan chrá.

Ní luaithe an t-aoibhneas cinnte, dar liom, a's lán,
A's mé i mbuaic an tsonais úd mo mhéin',
Ná scaoiltear siar ar ais mé i mo chéad mhíshéan.

PIERRE DE RONSARD
(1524-1586)

JE VOUS ENVOYE UN BOUQUET QUE MA MAIN

Je vous envoye un bouquet que ma main
Vient de trier de ces fleurs épanies,
Qui ne les eust à ce vespre cuillies,
Cheutes à terre elles fussent demain.

Cela vous soit un exemple certain
Que vos beautés, bien qu'elles soient fleuries,
En peu de temps cherront toutes flétries,
Et comme fleurs, periront tout soudain.

Le temps s'en va, le temps s'en va, ma Dame,
Las! le temps non, mais nous nous en allons,
Et tost serons estendus sous la lame:

Et des amours desquelles nous parlons,
Quand serons morts, n'en sera plus nouvelle:
Pour-ce aimés moy, ce-pendant qu'estes belle.

PIERRE DE RONSARD
(1524–1586)

SEOLAIM CHUGHAT FLEASC ...

Seolaim chughat fleasc a rinne mo lámha féin
De thogha agus rogha na bhflós dá bhfuil faoi bhláth;
Murach gur stoitheadh anocht féin iad i dtráth,
Tite ar lár a bheadh roimh bhreacadh an lae.

Bíodh sé sin ina cheacht agat gan bhréag,
Cé bláfar anois do shnua agus do lí,
I seal gearr ama seirgfid agus titfid síos
A's ar nós na mbláthann, rachaidh siad in éag.

Tá an t-am ag triall, tá an t-am ag triall, a stór,
Fairíor! ní hé an t-am é, ach muid atá ag imeacht linn,
A's is luath anois a shínfear sinn faoin bhfód;

Agus an grá is cás linn agus ar a gcaintíonn sinn,
Nuair a bheimid dulta in éag, ní luafar riamh.
Dá bhrí sin tabhair grá dom fad mhaireann do sciamh.

COMME ON VOIT SUR LA BRANCHE ...

Comme on voit sur la branche au mois de May la rose
En sa belle jeunesse, en sa première fleur
Rendre le ciel jaloux de sa vive couleur,
Quand l'Aube de ses pleurs au poinct du jour l'arrose:

La grâce dans sa fueille, et l'amour se repose,
Embasmant les jardins et les arbres d'odeur:
Mais batue ou de pluye, ou d'excessive ardeur,
Languissante elle meurt fueille à fueille déclose.

Ainsi en ta première et jeune nouveauté,
Quand la terre et le ciel honoroient ta beauté,
La Parque t'a tuée, et cendre tu reposes.

Pour obseques reçoy mes larmes et mes pleurs,
Ce vase plein de laict, ce panier plein de fleurs,
Afin que vif, et mort, ton corps ne soit que roses.

MAR A DHEARCAIMID I MÍ NA BEALTAINE ...

Mar a dhearcaimid i mí na Bealtaine i mbarr na craoibhe an rós,
Ina óige agus a áilleacht, i gcéadrith a bhláth',
Ag cur éada ar na spéarthaí féin lena dhathúlacht bhreá,
Agus an chamhaoir á ionladh ar béal maidne lena deor';

Tá an Grásta ina dhuille, a's an Grá fá chónaí ann fós,
A chumhracht ina bruth ar fud na ngáirdín a's na gcrann feá;
Ach le clagarnach báistí nó le hanbharr teasa á chrá,
Téann ar meath a's in éag, duille ar dhuille ag feo;

Amhlaidh sin, in óige agus in úire thús do ré,
Nuair ba mhór é meas neimhe agus talún ar do scéimh,
Mharaíodar na Fáithe thú, a's d'fhág i do luaithreach thú faoin
        bhfód.

I modh do chluiche caointe bíodh mo dheora agat a's mo
        thuirse ghnách,
An t-áras seo lán bainne, an cliabhán seo líon a bhláth,
Ionas, beo nó marbh duit, nach mbeidh do cholainn ach ina rós.

QUAND VOUS SEREZ BIEN VIEILLE

Quand vous serez bien vieille, au soir, à la chandelle,
Assise auprès du feu, dévidant et filant,
Direz, chantant mes vers, en vous esmerveillant:
Ronsard me célébroit du temps que j'estois belle!

Lors vous n'aurez servante oyant telle nouvelle,
Desjà sous le labeur à demy sommeillant,
Qui au bruit de Ronsard ne s'aille resveillant,
Bénissant vostre nom de louange immortelle.

Je seray sous la terre et, fantôme sans os,
Par les ombres myrteux je prendray mon repos:
Vous serez au foyer une vieille accroupie,

Regrettant mon amour et vostre fier desdain.
Vivez, si m'en croyez, n'attendez à demain:
Cueillez dès aujourd'huy les roses de la vie.

SOINÉAD DO EILÉAN

Nuair a bheirse dulta in aois, a's na coinnle lasta i ndeireadh lae,
Ar leac na tine i do shuí, a's tú ag tochras agus ag sníomh,
Déarfair leat féin le híontas agus mo rannta agat á ríomh:
Ba chuid cheiliúrtha ag Ronsard mé nuair a bhíos i mbarr mo
        scéimh'.

Searbhónta ní bheidh farat an t-am sin dá gcloiseann uait an scéal,
Ag míogarnach chun suain faoi thuirse agus faoi scíth,
Nach gclisfidh aníos ina dúiseacht iar lua mo cháil a's a cling,
Ag cur míle beannacht le d'ainm a's glóir nach dtéann in éag.

Beadsa faoi na fóide sínte, i mo ghósta gan chreat gan chnámh,
Ar fud an Arais thíos faoi smúit na gcraobh ar scáth:
Beirse crom cois teallaigh i do sheanbhean sheirgthe liath,

Ag mairgneach faoin ghrá a thugas duit a's do dhímheas
        díomasach féin.
Mair do sheal, creid m'fhocal ann, ná fan le casadh an lae:
Bain duit an lá atá inniu ann blátha bána an tsaoil.

A CASSANDRE

Mignonne, allons voir si la rose
Qui ce matin avoit desclose
Sa robe de pourpre au Soleil,
A point perdu ceste vesprée
Les plis de sa robe pourprée
Et son teint au vostre pareil.

Las! voyez comme en peu d'espace,
Mignonne, elle a dessus la place
Las, las, ses beautez laissé cheoir!
O vrayment marastre Nature,
Puis qu'une telle fleur ne dure
Que du matin jusques au soir!

Donc, si vous me croyez mignonne,
Tandis que vostre âge fleuronne
En sa plus verte nouveauté,
Cueillez, cueillez vostre jeunesse:
Comme à ceste fleur la vieillesse
Fera ternir vostre beauté.

A STÓIRÍN, TAR AG BREATHNÚ AN RÓIS ...

A stóirín, tar ag breathnú an róis
A nocht ar maidin inár gcomhair
A.gúna corcra leis an ghréin,
Go bhfeicimid ar chaill ar nóin
Fáiscí an ghúna sin chorcarchló
A's an snua úd ba airí ort féin.

Fairíor! féach san achar gearr,
A stóirín, mar tá cheana ar lár
Fairíor géar! a háilleacht a's a scéimh!
Óró nach í an Nádúr an mháthair gan trua
Nuair nach maireann an bláithín úr
Ach ón mhaidin go deireadh lae!

Mar sin, creid ann mé, a stóirín ó,
Fad tá do sheal faoi bhláth agus glóir
Ina úire ghlas álainn án,
Stoith duit féin, stoith duit an óige a's a baois:
Amhail don bhláth seo, tiocfaidh an aois
A's críonfaidh do scéimhiúlacht go brách.

JE N'AI PLUS QUE LES OS ...

Je n'ai plus que les os, un squelette je semble,
Décharné, dénervé, démusclé, dépulpé,
Que le trait de la mort sans pardon a frappé,
Je n'ose voir mes bras que de peur je ne tremble.

Apollon et son fils, deux grands maîtres ensemble,
Ne me sauraient guérir, leur métier m'a trompé;
Adieu, plaisant Soleil, mon oeil est étoupé,
Mon corps s'en va descendre où tout se désassemble.

Quel ami me voyant en ce point dépouillé
Ne remporte au logis un oeil triste et mouillé,
Me consolant au lit et me baisant la face,

En essuyant mes yeux par la mort endormis?
Adieu, chers compagnons, adieu, mes chers amis,
Je m'en vais le premier vous préparer la place.

NÍL IONAM FEASTA ACH AN CNÁMH ...

Níl ionam feasta ach an cnámh, is le creatlach mo ghaol,
Gan feoil, gan féith, gan mhatán, gan saill ar fiú a lua,
Atá tar éis a bhuailte ag saighead an bháis gan trua;
Ní leomhaim mo lámha a bhreathnú gan dul ar crith le scaoll.

Apaill agus an mac sin leis, an bheirt sármháistrí araon,
Ní leigheasfadh mé go deo mar níl ach bréag ina n-ealaín cham;
Slán go deo leat, a ghrian na gile, atá mo shúil faoi shram,
A's mo chorp ag dul síos san áit úd mar a dtéann gach sort chun scéith'.

An bhfuil cara liom, dá bhfeicfeadh mé chomh feidheartha a's atáim,
Nach bhfillfeadh leis abhaile a's a shúil bog maoth le crá,
Ag déanamh comhbhróin liom i mo leaba dhom a's ag pógadh mo bhéil,

É ag triomú mo dhá shúl a's an bás á gcur chun scíth'?
Slán agaibh, a chomhroinn na páirte! Mo chúig céad slán, a chairde dhíl!
Bead ag triall romhaibh a chéaduair d'fhonn an áit a chur fá réir.

JEAN DE LA CEPPÈDE
(1550-1622)

VOICY-L'HOMME

Voicy-l'Homme, ô mes yeux, quel objet deplorable
La honte, le veiller, la faute d'aliment,
Les douleurs, et le sang perdu si largement
L'ont bien tant déformé qu'il n'est plus désirable.

Ces cheveux (l'ornement de son chef vénérable)
Sanglantez, herissez, par ce couronnement,
Embroüillez dans ces joncs, servent indignement
A son test ulcéré d'une haye exécrable.

Ces yeux (tantost si beaux) rébatus, r'enfoncez,
Ressalis, sont hélas! deux Soleils éclipsez,
Le coral de sa bouche est ores jaune-pasle.

Les roses, et les lys de son teint sont flétris:
Le reste de son Corps est de couleur d'Opale,
Tant de la teste aux pieds ses membres sont meurtris.

JEAN DE LA CEPPÈDE
(1550-1622)

ECCE HOMO

Seo é an Duine! Óró, a shúile liom, nach ainnis é a dhreach!
Easpa bia, agus náire, agus faire na hoíche,
Pianta, agus díth na fola a dóirteadh go fial,
Tá sé millte acu sa riocht nach cuid súlach é feast'.

An folt (a ba mhaise ar a cheann cásach tráth)
Ina chrólinn tá agus ina stothall tar éis choróin na spíon;
É in aimhréidh sna dealga ag cur fonsa dhíblí dhian
Ar a chloigeann bocht brúite mar bheadh sceachra gránna fáil.

Na súile a bhí chomh hálainn, tá siad sáite siar ina gcuais;
Dhá ghrian iad ach táid feasta fairíor! faoi urú;
An béal a bhí ina choiréal, anois tá báiteach buí.

Lile agus rós a shnua, tá siad feoite go brách
Agus a cholainn chéasta ar fad ar lí an ópail mhín
Ón íde a fuair gach ball leis ó mhullach go sáil.

FRANÇOIS MALHERBE
(1555-1628)

SUR LA MORT DE SON FILS

Que mon fils ait perdu sa dépouille mortelle,
Ce fils qui fut si brave et que j'aimai si fort,
Je ne l'impute point à l'injure du sort,
Puisque finir à l'homme est chose naturelle;

Mais que de deux marauds la surprise infidèle
Ait terminé ses jours d'une tragique mort,
En cela ma douleur n'a point de réconfort,
Et tous mes sentiments sont d'accord avec elle.

O mon Dieu, mon Sauveur, puisque, par la raison
Le trouble de mon âme étant sans guérison,
Le voeu de la vengeance est un voeu légitime,

Fais que de ton appui je sois fortifié:
Ta justice t'en prie, et les auteurs du crime
Sont fils de ces bourreaux qui t'ont crucifié.

FRANÇOIS MALHERBE
(1555–1628)

AR BHÁS A MHIC

Mo mhac do scarúint leis an cholainn bhásmhar ché,
An mac sin a bhí cróga a's gur mhór air mo ghean,
A mhilleán sin ní fhágaim ar chinniúin na gcleas,
Ós dual nádúr don duine an chríoch agus an t-éag;

Ach péire meirleach do dhéanamh luíochán fill,
Ag cur deireadh lena sheal le tubaiste an bháis,
Sa méid sin níl leigheas ar chréacht mo dhóláis,
A's ní taise do m'aigne uile a's mo mheon a's iad tinn.

A Dhia liom, a Shlánaitheoir, ós fíor nach leor an chiall
A chur le m'anam cásmhar mar chéirín agus mar íoc,
A's gur dleathach í an achainí mar sin achainí an díoltais,

Deonaigh misneach dom, a Thiarna, le do chabhair a's do neart:
Ní lú is dual do Dhia na córach; a's an bheirt a rinne an drochbheart,
Is clann mhac iad do na coirpigh a chéas thú ar an chrois.

JEAN-BAPTISTE CHASSIGNET
(1578-1635)

J'AY VOULU VOYAGER ...

J'ay voulu voyager, à la fin le voyage
M'a fait en ma maison mal content retirer:
En mon estude seul j'ay voulu demeurer,
En fin la solitude a causé mon dommage;

J'ay voulu naviger, en fin le navigage
Entre vie et trespas m'a fait desesperer;
J'ay voulu pour plaisir la terre labourer,
En fin j'ay mesprisé l'estat du labourage;

J'ay voulu pratiquer la science et les ars,
En fin je n'ay rien sceu; j'ay couru le hasars
Des combas carnaciers, la guerre ore m'offence;

Ô imbécillité de l'esprit curieus
Qui mescontent de tout, de tout est desireus
Et, douteus, n'a de rien parfaite connoissance.

JEAN-BAPTISTE CHASSIGNET
(1578-1635)

TAISTEAL A B'EA MO MHIAN ...

Taisteal a b'ea mo mhian, ar deireadh thiar an taisteal féin
Thug orm filleadh abhaile a's fanacht i mo theach gan só;
Ba mhian liom cloí le staideár ann i m'aonar d'oíche a's de ló
Ach faoi dheireadh agus faoi dheoidh do mhill an t-uaigneas mo
    chuid léinn.

Ba mhian liom dul ar farraige, ach an fharraige agus a baol,
D'fhágadar idir bás a's beatha mé in aimléis gan treoir.
Ba mhian liom do mo phléisiúr an talamh bán a romhar;
B'é toradh a bhí air gur ghlac mé col le sclábhaíocht sa saol.

Ba mhian liom dul le heolaíocht agus cleachtadh na n-ealaíon,
B'aineolach mé dá thairbhe; mheas mé ansin an cath a thriail,
A dhainséar a's a shléacht; is gráin liom feasta cogadh agus ár;

Fiosracht na haigne daonna, is seafóid í agus baois;
Míshásta í le gach ní, a's dúilmhear i ngach ní arís,
Lán amhrais, gan teacht aici ar aon tuiscint iomlán.

TRISTAN L'HERMITE
(1601–1665)

A DES CIMETIÈRES

Séjour mélancolique, où les ombres dolentes
Se plaignent chaque nuit de leur adversité,
Et murmurent toujours de la nécessité
Qui les contraint d'errer par les tombes relentes,

Ossements entassés, et vous, pierres parlantes
Qui conservez les noms à la postérité,
Représentant la vie et sa fragilité
Pour censurer l'orgueil des âmes insolentes,

Tombeaux, pâles témoins de la rigueur du sort,
Où je viens en secret entretenir la mort
D'une amour que je vois si mal récompensée,

Vous donnez de la crainte et de l'horreur à tous;
Mais le plus doux objet qu s'offre à ma pensée
Est beaucoup plus funeste et plus triste que vous.

TRISTAN L'HERMITE
(1601–1665)

DO REILIGÍ

A áras an lionnduibh, a mbíonn scáilí na ndéar
Ag casaoid ionat gach oíche a n-angair agus a gcrá
A's ag monabhar gan staonadh in aghaidh an éigin táir
A choinníonn ar seachrán iad i measc na dtuamaí tréith;

A mhollta cnámh, agus sibhse, a leachtanna nach maon,
A bhuanaíonn ainm na nglúnta a chuaigh romhainn,
Ag fógairt scéal na beatha agus a leochailí atá ár dtreoir,
Ag tabhairt béim síos don uabhar agus do dhíomas na ndaon;

A uaigheanna, ar finné sibh ar chruatain ár gcáis,
A dtagaim chughaibh faoi rún ag fadú chuimhne an bháis
A d'fhág an grá úd ionam ar ghann an cúiteamh a fuair,

Spreagann sibh i ngach aon idir uamhain agus scéin;
Ach an rud is caoine a b'fhéidir a chur os comhair mo shúl,
Is seacht n-uaire is duairce agus is gruama ná bhur ngné.

LAURENT DRELINCOURT
(1621-1681)

SUR LA NAISSANCE DE NOTRE SEIGNEUR

O Mystere fertile en merveilles étranges!
Ouvrez ici, Mortels, et vos coeurs et vos yeux;
Et vous, purs Séraphins, sainte Troupe des Anges,
Venez, d'un vol ardent, en ces terrestres lieux.

Celui, dont jour et nuit vous chantez les louanges,
A quitté, pour un temps, la demeure des Cieux:
Son habit de lumiere est caché sous des langes,
Il change en un toit vil son Palais glorieux.

Le Fort, l'Ancien des Jours, est foible et dans l'enfance:
L'Invisible se voit: Dieu même prend naissance:
L'Immortel est mortel, et l'Immense est borné.

Enfin, je l'apperçois couché dans une étable;
Et ravi, je m'écrie: Eternel nouveau-né,
Qu'en ton abaissement tu parois adorable!

LAURENT DRELINCOURT
(1621–1681)

SAOLÚ ÁR SLÁNAITHEORA

Óró nach í an diamhair í, lán iontas agus feart!
Osclaígí roimpi, a dhaonnaithe, bhur súile agus bhur gcroí;
A's, a Shéaraifiní íona, a Shlua na nAingeal naomh,
Taraigí in bhur n-ealta loiscneach ar chlár na talún thart.

An Té a mbíonn sibh á mholadh le bhur gceolta oíche a's lá,
Tá tréigthe aige sealad a áitreabh ar Neamh na néal;
A éide sholais, tá folaithe faoi ghiobal agus bréid
A's Pálás a ghlóire ar mhalairt aige ar bhothóg shuarach táir.

Tiarna tréan na n-aoiseann, tá abhus ina leanbh lag:
Tá an Do-fheicthe le feiceáil: tá Dia féin beirthe beag;
An Bithbheo tá déanta básmhar, agus an tÉigríoch do ghabh críoch.

Chím romham faoi dheoidh é i measc na mbeithíoch ina gcró;
A's gáirim le barr lúcháire: A Neach shíoraí ar an saol seo thíos,
Móide liom is cuid adhartha thú úirísleacht seo do chló.

JEAN DE LA FONTAINE
(1621–1695)

LE CHÊNE ET LE ROSEAU

      Le Chêne, un jour, dit au Roseau:
Vous avez bien sujet d'accuser la nature;
Un roitelet pour vous est un pesant fardeau;
      Le moindre vent qui d'aventure
      Fait rider la face de l'eau
      Vous oblige à baisser la tête;
Cependant que mon front, au Caucase pareil,
Non content d'arrêter les rayons du soleil,
      Brave l'effort de la tempête.
Tout vous est aquilon, tout me semble zéphyr.
Encor si vous naissiez à l'abri du feuillage
      Dont je couvre le voisinage,
      Vous n'auriez pas tant à souffrir,
      Je vous défendrais de l'orage:
      Mais vous naissez le plus souvent
Sur les humides bords des royaumes du vent.
La nature envers vous me semble bien injuste.

      Votre compassion, lui répondit l'arbuste,
Part d'un bon naturel; mais quittez ce souci:
      Les vents me sont moins qu'à vous redoutables;
Je plie, et ne romps pas. Vous avez jusqu'ici
      Contre leurs coups épouvantables
      Résisté sans courber le dos;
Mais attendons la fin. Comme il disait ces mots,
Du bout de l'horizon accourt avec furie
      Le plus terrible des enfants
Que le Nord eût portés jusque-là dans ses flancs.
      L'arbre tient bon; le Roseau plie.

JEAN DE LA FONTAINE
(1621-1695)

AN DAIR AGUS AN GHIOLCACH

Deir an Dair leis an Ghiolcach lá:
Is mór é d'ábhar gearáin in éadan an Nádúir;
Dreoilín féin dhéanfadh ualach duit nach n-iomprofá gan dua.
Má shéideann ort an friota is lú
Ag cur cuilithín san uisce cláir,
Ní mór do cheann a chromadh faoi.
San áit a bhfuil m'éadansa, chomh daingean le sliabh,
A's nach ní leis an solas a stopadh ón ghrian,
Ag tabhairt dúshláin na seacht síon.
Gála gach feothan duitse; dar liom nach bhfuil iontu ach cóch.
Ba chuma liom ach dá mbeadh agat foscadh an duilliúir
Atá spréite agam féin maguaird,
Ní thiocfadh ort aon anró mór.
Sheasfainn idir an stoirm a's tú;
Ach is gnách thú ag teacht chun tsaoil
Ar bhruach tais na réimsí úd is ríocht ag an ghaoth.
An Nádúr, dar liom féinig, níor chaith leat go ceart.

An chomhbhá sin uait—b'é a d'fhreagair an sceach—
Is ó dheachroí a thagann; ach ná bíodh ort buairt.
Is lú is cúis eagla dom na gaotha ná duit féin.
Lúbaimse ach ní bhrisim. D'éirigh leatsa a liacht uair
I gcoinne a séideán uafar tréan
An fód a sheasamh gan lúbadh ar do dhroim;
Ach an chríoch is ea mholann. Leis an scéal a chur i suim,
Seo chucu leis sin anall ó bhun na spéire i bhfíoch
An t-oidhre ba mhó scéin
Dá raibh ar iompar go dtí sin i mbroinn an Tuaiscirt i gcéin.
Seasann an crann an fód; lúbann an giolcaichín.

Le vent redouble ses efforts
Et fait si bien qu'il déracine
Celui de qui la tête au ciel était voisine
Et dont les pieds touchaient à l'empire des morts.

Cuireann an ghaoth leis a dhá oiread driopáis,
Chomh maith sin go stoitheann ó phréamh
An té sin a raibh a mhullach i bhfoisceacht na néal
Agus na cosa aige go domhain i ríocht an bháis.

LE CHAT, LA BELETTE ET LE PETIT LAPIN

Du palais d'un jeune Lapin
Dame Belette, un beau matin,
S'empara: c'est une rusée.
Le maître étant absent, ce lui fut chose aisée.
Elle porta chez lui ses pénates, un jour
Qu'il était allé faire à l'Aurore sa cour
Parmi le thym et la rosée.
Après qu'il eut brouté, trotté, fait tous ses tours,
Janot Lapin retourne aux souterrains séjours.
La Belette avait mis le nez à la fenêtre.
O Dieux hospitaliers! que vois-je ici paraître?
Dit l'animal chassé du paternel logis.
Holà! Madame la Belette,
Que l'on déloge sans trompette,
Ou je vais avertir tous les Rats du pays.
La dame au nez pointu répondit que la terre
Était au premier occupant.
C'était un beau sujet de guerre,
Qu'un logis où lui-même il n'entrait qu'en rampant.
Et quand ce serait un royaume,
Je voudrais bien savoir, dit-elle, quelle loi
En a pour toujours fait l'octroi
A Jean, fils ou neveu de Pierre ou de Guillaume,
Plutôt qu'à Paul, plutôt qu'à moi!
Jean Lapin allégua la coutume et l'usage:
Ce sont, dit-il, leurs lois qui m'ont de ce logis
Rendu maître et seigneur, et qui, de père en fils,
L'ont de Pierre à Simon, puis à moi, Jean, transmis.
Le premier occupant, est-ce une loi plus sage?
Or bien, sans crier davantage,
Rapportons-nous, dit-elle, à Raminagrobis.
C'était un Chat, vivant comme un dévot ermite,
Un Chat faisant la chattemite,

AN CAT, AN EASÓG AGUS AN COINÍN ÓG

Bhí cónaí rí ag coinín óg;
Cad a dhéanfadh lá Máistreás Easóg
Ach dul ina sheilbh, an slíbhín.
Agus Fear a' Tí as baile, níor dheacair é puinn.
Bhog sí isteach ann le moch maidne idir chlár a's cuinneog
Agus é amuigh i mbun a umhlóide don Bhaindia Áróir
Ar fud an drúchta a's an tseamair mhín.
Tar éis a chíor a chogaint, agus sodar dó, agus cleachtú a chleas,
Siar abhaile le Jeaic Ó Coinín chun a pháláis faoin scraith.
Bhí an Easóg ann roimhe agus a smut ag an bhfuinneog.
Óró, a Dhéithe an tinteáin, cad é seo a fheicim romham?
Arsa an míol bocht agus é ruaigthe as áitreabh a shean:
Hóigh ansin, a Mháistreás Easóg,
Bí amuigh gan aon agó,
Nó gairmfead gach francach i bhfad a's i ngar.
B'é freagra Bhean an ghoibín an talamh a's an chré
Bheith ag dul don chéad shealbhóir.
Nach breá, ar sí, an t-ábhar plé
An bothán seo gan dul isteach ann ach ar lorg do thóin.
Agus fiú dá mba ríocht é mar chró,
Níl fhios agam, ar sise, cén dlí nó cén reacht,
A d'fhág an áit go deo a's go brách
Ag Jeaic mac Sheáin mhic Liaim mhic Eoin
Seachas ag Tadhg, nó agamsa, mar atá.
Thagair Seán Ó Coinín an nós agus an úsáid.
Na dlíthe úd, adúirt sé, is ea d'fhág mé sa teach
I mo mháistir a's mo thiarna, ó athair go mac,
Ó Pheadar go Síomón agus chugamsa, Seán, mar is ceart.
An chéad shealbhóir, arbh féidir dlí níos críonna a fháil?
Go maith, ar sí, gan a thuilleadh gáir
Cuirimis an cás faoi bhreithiúnas Shaoi Mór na gCat.
Cat a b'ea é ag maireachtáil ina dhíthreabhach naomh,
Cat ag caitheamh a shaoil ina fhimíneach séimh,

Un saint homme de Chat, bien fourré, gros et gras,
   Arbitre expert sur tous les cas.
   Jean Lapin pour juge l'agrée.
   Les voilà tous deux arrivés
   Devant sa majesté fourrée.
Grippeminaud leur dit: Mes enfants, approchez,
Approchez, je suis sourd, les ans en sont la cause.
L'un et l'autre approcha, ne craignant nulle chose.
Aussitôt qu'à portée il vit les contestants,
   Grippeminaud, le bon apôtre,
Jetant des deux côtés la griffe en même temps,
Mit les plaideurs d'accord en croquant l'un et l'autre.

Ceci ressemble fort aux débats qu'ont parfois
Les petits souverains se rapportant aux rois.

Naomh ceart de chat, ramhar beathaithe breá,
   Moltóir oilte i ngach sort cás.
   Ghlac Seán Ó Coinín leis mar eadránaí.
   Siúd leo beirt mar sin ag teacht
   I láthair a Shoilse, é clúmhach groí.
Deir Crúbachán leo: Gabhaigí chugham i leith, a leanaí,
Gabhaigí i leith, tá mé bodhar, na blianta atá mo chrá.
Dhruid siad leis, an bheirt acu, gan eagla orthu gan scáth.
A luaithe a chonaic an dá pháirtí faoina bhois,
   Sháigh Crúbachán, go cráifeach caoin,
A dhá chrág go pras ar gach taobh de d'aon rois,
D'fhág ár ngearánaithe ar aon intinn trína n-alpadh araoin.

Is é a mheabhródh sé seo dhuit ná na conspóidí fás
Ag flatha beaga faoi bhráid ríthe d'fhonn réiteach a gcás.

ANDRÉ CHÉNIER
(1762-1794)

LA JEUNE TARENTINE

Pleurez, doux alcyons, ô vous, oiseaux sacrés,
Oiseaux chers à Thétis, doux alcyons, pleurez.
Elle a vécu, Myrto, la jeune Tarentine.
Un vaisseau la portait aux bords de Camarine.
Là l'hymen, les chansons, les flûtes, lentement,
Devaient la reconduire au seuil de son amant.
Une clef vigilante a pour cette journée
Dans le cèdre enfermé sa robe d'hyménée
Et l'or dont au festin ses bras seraient parés
Et pour ses blonds cheveux les parfums préparés.
Mais, seule sur la proue, invoquant les étoiles,
Le vent impétueux qui soufflait dans les voiles
L'enveloppe. Étonnée, et loin des matelots,
Elle crie, elle tombe, elle est au sein des flots.
Elle est au sein des flots, la jeune Tarentine.
Son beau corps a roulé sous la vague marine.
Thétis, les yeux en pleurs, dans le creux d'un rocher
Aux monstres dévorants eut soin de la cacher.
Par ses ordres bientôt les belles Néréides
L'élèvent au-dessus des demeures humides,
Le portent au rivage, et dans ce monument
L'ont, au cap du Zéphir, déposé mollement.
Puis de loin à grands cris appelant leurs compagnes,
Et les Nymphes des bois, des sources, des montagnes,
Toutes frappant leur sein, et traînant un long deuil,
Répétèrent: "Hélas!" autour de son cercueil.
Hélas! chez ton amant tu n'es point ramenée.
Tu n'as point revêtu ta robe d'hyménée.
L'or autour de tes bras n'a point serré de noeuds.
Les doux parfums n'ont point coulé sur tes cheveux.

ANDRÉ CHÉNIER
(1762-1794)

AN AINNIR TARAINTÍNEACH

Bígí ag caí, a ailcíní ceansa agus a éanacha naoimh,
A éanacha is mór le Tétis, a ailcíní, bígí ag caí.
Ní hann níos mó di, mar Mhyrto, an Taraintíneach óg.
Bhí árthach á hiompar ionsar chríoch Chamarínó.
Is ann a bhí cóisir na bainise, le feadóga agus amhráin,
Lena cinnireacht faoi ghradam go teach a leannáin.
Bhí dúnta ina cófra céadrais i gcoinne an lae mhóir
Ag eochair aireach le fada a héide pósta chóir,
A's an t-ór lena maisiú idir bhráisléid agus mhionn,
A's na cumhráin a bhí ullamh dá ciabhfholt fionn.
Ach ina haonar ar ghob na loinge di ag agairt na reann,
An ghaoth ghasta a bhí ag séideadh na seolta go teann,
Tháinig timpeall uirthi, á scanrú, a's gan mairnéalach ina comhair,
Scread sí, agus thit sí. Siúd í ar fán sa bhóchna mhór.
Siúd í i gcraos na dtonntrach, an Taraintíneach óg,
A's a caomhchorp á chartadh sa bhrachlainn go domhain.
Chonaic Tétis í a's na deora léi, agus i gcuas aille i gcéin
Chuir faoi deara á tarrtháil ar phéistí an aigéin.
Ar a hordú go luath rinne na Néiriadaí náir
Í a ardú go clár na mara as sáile an duibheagáin,
Tugann leo í go cladach, agus ins an leacht seo féin
Ar cheann tíre na Steifire chuir siad í go mín maoth.
Ansin do thionól go glórach a gcaoifeacht de chéin,
Nimfeacha na gcoillte, na bhfuarán a's an tsléibh',
Ag bualadh a n-ucht agus ina scuaine fhada bróin
Thart timpeall ar a cónra do thógadar ochón.
Ochón, go teach do leannáin níor tionlacadh thú riamh
Agus in éide do phósta níor cóiríodh do sciamh.
An t-ór ar do bhaclainn níor snadhmadh ina dhual.
Slaod na gcúmhrán mín úd níor scaoileadh ar do ghruaig.

MARCELINE DESBORDES-VALMORE
(1786–1859)

LES ROSES DE SAADI

J'ai voulu, ce matin, te rapporter des roses;
Mais j'en avais tant pris dans mes ceintures closes
Que les noeuds trop serrés n'ont pu les contenir.

Les noeuds ont éclaté. Les roses envolées
Dans le vent, à la mer s'en sont toutes allées.
Elles ont suivi l'eau pour ne plus revenir;

La vague en a paru rouge et comme enflammée:
Ce soir, ma robe encore en est tout embaumée ...
Respires-en sur moi l'odorant souvenir.

MARCELINE DESBORDES-VALMORE
(1786–1859)

RÓSANNA SHAADI

B'áil liom inniu ar maidin rósanna a thabhairt chughat, a ghrá;
Ach thógas iomarca acu i m'fhochras agus mo chrios orthu d'fháisc
Gur theann mé an tsnaidhm go ró-dhocht agus gur scéitheadar
    thar fóir.

Do réab an tsnaidhm ó chéile; chuaigh na rósanna le gaoth,
Chun na farraige síos 'sea cartadh iad go léir ina scaoth;
Lean siad sruth an uisce agus ní fhillfidh siad go deo.

Bhreathnaigh an taoide ina ndiaidh go dearg, agus mar bheadh ina
    caor,
Anocht fós féin, tá mo ghúna ina gcumhracht ar maos ...
Aireoidh tú, ag fáil d'anála duit, boladh a gcuimhne orm fós.

LES SÉPARÉS

N'écris pas. Je suis triste, et je voudrais m'éteindre.
Les beaux étés sans toi, c'est la nuit sans flambeau.
J'ai refermé mes bras qui ne peuvent t'atteindre,
Et frapper à mon coeur, c'est frapper au tombeau.
       N'écris pas!

N'écris pas. N'apprenons qu'à mourir à nous-mêmes.
Ne demande qu'à Dieu ... qu'à toi, si je t'aimais!
Au fond de ton absence écouter que tu m'aimes,
C'est entendre le ciel sans y monter jamais.
       N'écris pas!

N'écris pas. Je te crains; j'ai peur de ma mémoire;
Ella a gardé ta voix qui m'appelle souvent.
Ne montre pas l'eau vive à qui ne peut la boire.
Une chère écriture est un portrait vivant.
       N'écris pas!

N'écris pas ces doux mots que je n'ose plus lire:
Il semble que ta voix les répand sur mon coeur;
Que je les vois brûler à travers ton sourire;
Il semble qu'un baiser les empreint sur mon coeur.
       N'écris pas!

SCARTHA Ó CHÉILE

Ná scríobh chugham. Táim faoi chian, agus fonn orm dul chun
        báis.
Áilleacht samhraidh a's tú i gcéin uaim, níl ann ach oíche gan
        reann.
Dhúnas chugham arís mo bhachlainn nach bhféadann thú
        a shroicheachtáil,
Agus cnagadh ar mo chroí, is ionann a's cnagadh ar an bhfeart.
        Ná scríobh chugham!

Ná scríobh chugham. Ná foghlaimis ach dul in éag orainn féin.
Ná fiafraigh ach de Dhia ... nó díotsa féin, arbh thú mo ghrá!
In íochtar mo ghrá éagmaise dhom a's a chloisteáil gur mé do spéis,
Is glór ó neamh i mo chluas é a's gan dul ann agam go brách.
        Ná scríobh chugham!

Ná scríobh chugham. Is scáth liom thú; is scáth liom mo chuimhne
        cinn;
Tá beo inti do ghlór a's é ag glaoch orm oíche a's ló.
Ná taispeáin uisce an fhuaráin don té nach féidir leis a ól siar.
An scríbhneoireacht sin is ionúin liom, is é atá inti portráid bheo.
        Ná scríobh chugham!

Ná scríobh na focail chaoine nach leomhaim a léamh níos mó:
Feicthear dhom go bhfuil guth do chinn á scaradh thar mo chroí;
Gur léir dom iad ina ndóiteán a's an gáire ag leathadh ar do bheol;
Feicthear dhom go bhfágfadh póg uait iad clóite ar mo chroí.
        Ná scríobh chugham!

ALPHONSE DE LAMARTINE
(1790-1869)

L'AUTOMNE

Salut, bois couronnés d'un reste de verdure,
Feuillages jaunissants sur les gazons épars!
Salut, derniers beaux jours! le deuil de la nature
Convient à la douleur et plaît à mes regards.

Je suis d'un pas rêveur le sentier solitaire;
J'aime à revoir encor, pour la dernière fois,
Ce soleil pâlissant, dont la faible lumière
Perce à peine à mes pieds l'obscurité des bois.

Oui, dans ces jours d'automne où la nature expire,
A ses regards voilés je trouve plus d'attraits;
C'est l'adieu d'un ami, c'est le dernier sourire
Des lèvres que la mort va fermer pour jamais.

Ainsi, prêt à quitter l'horizon de la vie,
Pleurant de mes longs jours l'espoir évanoui,
Je me retourne encore, et d'un regard d'envie
Je contemple ses biens dont je n'ai pas joui.

Terre, soleil, vallons, belle et douce nature,
Je vous dois une larme aux bords de mon tombeau;
L'air est si parfumé! la lumière est si pure!
Aux regards d'un mourant le soleil est si beau!

Je voudrais maintenant vider jusqu'à la lie
Ce calice mêlé de nectar et de fiel:
Au fond de cette coupe où je buvais la vie,
Peut-être restait-il une goutte de miel!

ALPHONSE DE LAMARTINE
(1790-1869)

AN FÓMHAR

Móra dhíbh, a choillte loma a's fuíoll duilleog ar bhur mbarr,
An duilliúr atá ag buíochan thar na faichí go tearc.
Slán go deo le laethe geala! Tá brón na ndúl ina thráth
Ag cur le mo dhoilíos féin, agus ag taitneamh le mo dhearc.

Siúlaim de choiscéim smaointeach an cosán uaigneach fann;
Is binn liom dearcadh taobh thiar díom den uair dheireanach
Ar an ghrian bháiteach a's a fannsolas gur ar éigean atá in ann
Trí dhorchadas na gcoillte thíos fúm a scairteadh isteach.

Sea, sna laethe seo an fhómhair agus an dúlra ag dul in éag,
Is móide liom a mhealltacht a dhreach bheith faoi fhial róshámh;
Cara é ag fágáil slán agam, nó an draothadh deiridh tréith
Ó bheola atá an bás ag dul a dhúnadh go brách.

Mar sin, a's mé ar tí spéarthaí an tsaoil seo a chur díom,
Ag mairgneach agus gan dóchas feasta agam gur fada mo thriall,
Breathnaím siar arís, agus m'amharc lán de thnúth a's briseadh croí,
Meabhraím maitheas agus maoin an tsaoil nár bhlais mé díobh riamh.

Talamh, grian, gleannta, an dúlra álainn caomh,
Is mithid deoir a chaoineadh orthu a's mé ar tí dul san uaigh;
Nach cumhra mar atá an t-aer! Nach glan do léas an lae!
Nach álainn í an ghrian, agus an bás ar do chúl!

An meascán sa chailís seo den neachtar a's domlas géar,
B'áil liom é a dhiúgadh go deasca ar an toirt:
In íochtar an chupáin seo a n-ólainn ann braon mo ré,
Ní foláir ná go raibh fágtha fós súimín meala sa mhoirt.

[75]

Peut-être l'avenir me gardait-il encore
Un retour de bonheur dont l'espoir est perdu!
Peut-être, dans la foule, une âme que j'ignore
Aurait compris mon âme, et m'aurait répondu! ...

La fleur tombe en livrant ses parfums au zéphire;
A la vie, au soleil, ce sont là ses adieux:
Moi, je meurs; et mon âme, au moment qu'elle expire,
S'exhale comme un son triste et mélodieux.

B'fhéidir go raibh ag fanacht liom san am a bhí le teacht
An t-athaoibhneas ar bhain mé dóchas de fadó agus riamh.
B'fhéidir sa tslua gan fhios dom, go mbeadh anam ina measc
A thabharfadh tuiscint do m'anamsa, a's freagairt dom go fíor.

Níl bláth dá dtéann ar lár gan a chumhracht a dhul le haer;
Sin mar a fhágann slán ag an saol, ag an ghrian:
Mar liom féin, tá an bás agam; agus ar phointí a dhul in éag,
Éalaíonn m'anam uaim ina shiansa brónach binn.

VICTOR HUGO
(1802-1885)

DEMAIN, DÈS L'AUBE ...

Demain, dès l'aube, à l'heure où blanchit la campagne,
Je partirai. Vois-tu, je sais que tu m'attends.
J'irai par la forêt, j'irai par la montagne.
Je ne puis demeurer loin de toi plus longtemps.

Je marcherai les yeux fixés sur mes pensées,
Sans rien voir au-dehors, sans entendre aucun bruit,
Seul, inconnu, le dos courbé, les mains croisées,
Triste, et le jour pour moi sera comme la nuit.

Je ne regarderai ni l'or du soir qui tombe,
Ni les voiles au loin descendant vers Harfleur,
Et, quand j'arriverai, je mettrai sur ta tombe
Un bouquet de houx vert et de bruyère en fleur.

VICTOR HUGO
(1802–1885)

AMÁRACH AR BÉAL MAIDNE ...

Amárach ar béal maidne an uair a liathann talamh is tír,
Bead ag imeacht. Is eol dom, muis, gur liom atá do shúil.
Rachaidh mé feadh na coille, rachaidh mé fán sliabh.
Ní fhéadaim fanacht i gcéin uait níos sia ó tháinig an uair.

Siúlfad liom a's mo shúile sáite i mo smaointe féin go trom,
Gan ní a fheiceáil lasmuigh dhíom, gan fuaim i mo chluas,
Liom féin, anaithnid, cromtha, mo dhá láimh ar chúl mo dhrom',
Go brónach; a's beidh an lá, dar liom, ina oíche ar a ghruaim.

Ní bhreathnóidh mé ar ór an tráthnóna ag teacht anuas,
Ná ar sheolta na mbád i bhfad uaim ag tarraingt ar an ché,
A's nuair a thagaim ar an láthair, fágfaidh mé ar do thuaim
Bláthfhleasc den chuileann uaine agus de fhraoch bán an tsléibh'.

PAROLES SUR LA DUNE

Maintenant que mon temps décroît comme un flambeau,
　　　Que mes tâches sont terminées;
Maintenant que voici que je touche au tombeau
　　　Par les deuils et par les années,

Et qu'au fond de ce ciel que mon essor rêva,
　　　Je vois fuir, vers l'ombre entraînées,
Comme le tourbillon du passé qui s'en va,
　　　Tant de belles heures sonnées;

Maintenant que je dis:—Un jour, nous triomphons;
　　　Le lendemain, tout est mensonge!-
Je suis triste, et je marche au bord des flots profonds,
　　　Courbé comme celui qui songe.

Je regarde, au-dessus du mont et du vallon,
　　　Et des mers sans fin remuées,
S'envoler sous le bec du vautour aquilon,
　　　Toute la toison des nuées;

J'entends le vent dans l'air, la mer sur le récif,
　　　L'homme liant la gerbe mûre;
J'écoute, et je confronte en mon esprit pensif
　　　Ce qui parle à ce qui murmure;

Et je reste parfois couché sans me lever
　　　Sur l'herbe rare de la dune,
Jusqu'à l'heure où l'on voit apparaître et rêver
　　　Les yeux sinistres de la lune.

Elle monte, elle jette un long rayon dormant
　　　A l'espace, au mystère, au gouffre;

BRIATHRA AR AN DUMHACH

Anois nuair atá mo shaol mar lóchrann in earr a ré,
    A's mo thiaráil nach mór i gcrích;
Anois a's mé faoi dheoigh ar tí dul sa chré
    D'éis bris an bháis agus na mblian,

Agus in íochtar na spéire sin a chum mé ag teacht i gcrann,
    Gur léir, á gcartadh go tír na scáth,
Mar bheadh guairneán an tsaoil a bhí agus é ag druidim uaim sall,
    A liacht sin uain ba gheal liom tráth;

Anois nuair deirim:—Féach, inniu is linn an lá,
    Arna bhárach níl ann ach bréag!
Táim faoi ghruaim, a's mé ag siúl cois na dtonntrach ard,
    Cromtha ar nós an té atá ag staidéar.

Dearcaim os cionn sléibhte a's gleannta a's tuath,
    Agus síorluail na bhfarraigí tréan,
Á siabadh leo ag gob baidhbhe na gaoithe aduaidh,
    Lomra leitheadach na néal;

Cloisim leoithne san aer, an mhuir ar an scairbh,
    An punann aibí á ceangal d'aon uaim;
Éistim, agus casaim i m'intinn smaointeach dearbh
    Caint an duine le cogar na ndúl;

Agus fanaim scaití sínte i mo luí gan éirí aniar
    Ar féarach scáinte na dumha,
Go dtí an uair a nochtann chugham i mbruadar cian
    An ghealach a's a súile mírúin.

Éiríonn sí, agus scairdeann uaithi ga fada sámh
    Ar an éigríoch, an diamhair, an aibhéis;

Et nous nous regardons tous les deux fixement,
        Elle qui brille et moi qui souffre.

Où donc s'en sont allés mes jours évanouis?
        Est-il quelqu'un qui me connaisse?
Ai-je encor quelque chose en mes yeux éblouis,
    .   De la clarté de ma jeunesse?

Tout s'est-il envolé? Je suis seul, je suis las;
        J'appelle sans qu'on me réponde;
Ô vents! ô flots! ne suis-je aussi qu'un souffle, hélas!
        Hélas! ne suis-je aussi qu'une onde?

Ne verrai-je plus rien de tout ce que j'aimais?
        Au-dedans de moi le soir tombe.
Ô terre, dont la brume efface les sommets,
        Suis-je le spectre, et toi la tombe?

Ai-je donc vidé tout, vie, amour, joie, espoir?
        J'attends, je demande, j'implore;
Je penche tour à tour mes urnes pour avoir
        De chacune une goutte encore!

Comme le souvenir est voisin du remord!
        Comme à pleurer tout nous ramène!
Et que je te sens froide en te touchant, ô mort,
        Noir verrou de la porte humaine!

Et je pense, écoutant gémir le vent amer,
        Et l'onde aux plis infranchissables;
 . L'été rit, et l'on voit sur le bord de la mer
        Fleurir le chardon bleu des sables.

Agus breathnaímid a chéile an bheirt againn go dáigh,
    Í ina loinnir, agus mise faoi léan.

Cár ghabhadar uaim chomh luath sin na laethe úd a bhí?
    An bhfuil éinne ann darb aithin mé?
An bhfuil aon ní agam fágtha i mo shúile dallta caoch'
    De ruithne thús mo ré?

An bhfuil gach rud siabtha ar shiúl? Táim i m'aonar, táim tréith;
    Bím ag glaoch gan freagra a fháil;
A ghaotha, a thonnta, an ea nach bhfuil ionam ach dé?
    Fairíor, an ea nach ní mé ach scáil?

An ea nach bhfeicfead arís gach ar mhór liom a's ar gheal?
    I mo cheartlár tá an nóin anuas.
A thalaimh, a mbíonn do cheo ag cur na mbeann úd ar ceal,
    An mise an taise, agus tusa an tuaim?

An bhfuil gach ní spíonta agam, lúcháir, grá, dóchas, saol?
    Ag fanacht atáim, ag agairt, ag guí;
Cuirim ar a seal árais mo bheatha ar claon,
    D'fhonn deoir a dhiúrnú arís.

Ós eol gur comharsana an chuimhne a's an doilíos,
    A's díol caointe a bhfuil sa saol,
Nach fuar liom thú, a bháis, a's tú ag druidim le mo thaoibh,
    An glas dubh ar dhoras na ndaon.

Agus machnaím, mo chluas le geoin na gaoithe gairg'
    Mar aon leis an rabharta do-rian;
Gáireann chugham an samhradh, a's feicim uaim i mbéal na trá
    Feosán gorm an ghainimh go fial.

GÉRARD DE NERVAL
(1808-1855)

FANTAISIE

Il est un air pour qui je donnerais
Tout Rossini, tout Mozart, tout Weber,
Un air très vieux, languissant et funèbre,
Qui pour moi seul a des charmes secrets!

Or, chaque fois que je viens à l'entendre,
De deux cents ans mon âme rajeunit ...
C'est sous Louis treize ... —et je crois voir s'étendre
Un coteau vert, que le couchant jaunit;

Puis un château de brique à coins de pierre,
Aux vitraux teints de rougeâtres couleurs,
Ceint de grands parcs, avec une rivière
Baignant ses pieds, qui coule entre des fleurs;

Puis une dame, à sa haute fenêtre,
Blonde aux yeux noirs, en ses habits anciens,
Que, dans une autre existence peut-être,
J'ai déjà vue ... et dont je me souviens!

GÉRARD DE NERVAL
(1808-1855)

FANTAISE

Tá fonn ceoil ann a dtabhairfinn uaim ina áit
Ar scríobh Rossini, Mozart, agus Weber leis,
Fonn seanda amach, fannchuimhne ar ghrá agus ar bhris,
A bhfuil draíocht rúnda ann dom féin amháin.

A's gach uair a dtarlaíonn dom a shiansa a chlos,
Téann m'anam in aois na hóige de thrí chéad bliain;
In aimsir na nIarlaí atáim ... agus feicim uaim siar
Tulach ghlas a's grian bhuí nóna ar a slios.

Tá caisleán ann, aoldaite, gona thúr a's a bhriotáis,
Agus deirge dheireadh lae ar ghloine na bhfuinneog,
Faichí fairsinge ina thimpeall, agus sruthán ins an chlós
Ag folcadh bun an bhalla a's ag caismirneach i measc na mbláth.

Tá bean uasal ann ina seasamh ag a feineastar thuas,
Í fionnbhán, a súile ciardhonn, gléasta ar an sean-nós,
Bean a chonaic mé uaim am éigin cheana, de mo dhóigh,
I saol éigin eile, b'fhéidir—agus a d'aithnigh mé as an nua.

EL DESDICHADO

Je suis le ténébreux,—le veuf,—l'inconsolé,
Le prince d'Aquitaine à la Tour abolie:
Ma seule *Étoile* est morte,—et mon luth constellé
Porte le *soleil noir* de la *Mélancolie*.

Dans la nuit du tombeau, toi qui m'as consolé,
Rends-moi le Pausilippe et la mer d'Italie,
La *fleur* qui plaisait tant à mon coeur désolé,
Et la treille où le pampre à la rose s'allie.

Suis-je Amour ou Phébus? ... Lusignan ou Biron?
Mon front est rouge encor du baiser de la reine;
J'ai rêvé dans la grotte où nage la sirène ...

Et j'ai deux fois vainqueur traversé l'Achéron:
Modulant tour à tour sur la lyre d'Orphée
Les soupirs de la sainte et les cris de la fée.

EL DESDICHADO

Neach an dúrúin mise, gan chéile gan chomhshólás
Prionsa na hAcatáine a bhfuil an túr dall ar a sciath:
Is marbh do m'aonréalt eolais—a's ar mo chláirseach rinneach tá
Grian dorcha an lionn dubh mar shuaitheantas na dtriath.

I ndúchan na huaighe, a lóchrann mo shóláis,
Deonaigh dom as an nua an Bhuaile Ghréine agus Muir na Laom,
An bláithín a bhaineadh cian de mo chroí ba lán dóláis
A's an fiochán i bhfuil an fhíniúin agus an rós ina snaidhm.

An mise Mac an Og, d'fhuil na ndéithe nó na laoch?
Tá póg na bainríona ina caor fós ar m'éadan cláir;
Rinneadh taibhreamh dom sa chuas i mbíonn an Mhaighdean
            Mhara ag snámh.

A's dhá uair rug mé an bua liom thar Acharón daor,
Ag comhardadh gach re seal mar Orphaeas ar an lír
Osnaíl na mná naofa agus caoineadh na mná sí.

ALFRED DE MUSSET
(1810-1857)

CHANSON DE FORTUNIO

Si vous croyez que je vais dire
  Qui j'ose aimer,
Je ne saurais pour un empire
  Vous la nommer.

Nous allons chanter à la ronde,
  Si vous voulez,
Que je l'adore et qu'elle est blonde
  Comme les blés.

Je sais ce que sa fantaisie
  Veut m'ordonner
Et je puis, s'il lui faut ma vie,
  La lui donner.

Du mal qu'une amour ignorée
  Nous fait souffrir,
J'en porte l'âme déchirée
  Jusqu'à mourir.

Mais j'aime trop pour que je die
  Qui j'ose aimer,
Et je veux mourir pour ma mie
  Sans la nommer.

ALFRED DE MUSSET
(1810–1857)

AMHRÁN LE FORTUNIO

Más dóigh libh go n-inseoidh mé
    Cé hí mo ghrá,
Ní leomhfainnse ar oidhreacht féin
    A hainm a rá.

Canfaimid le chéile timpeall thart,
    Más áil libh é,
Go bhfuil mo chroí istigh i mo shearc,
    Fionnbhán an bhé.

Déanaim rud ar gach tallann léi
    A's ar a n-ordaíonn dom,
Agus féadaim m'anam, más é atá uaithi,
    A imirt ar a son.

An grá leatromach nach eol di,
    Mór an crá.
Is leis atá mise stiallta stróicthe,
    Go pointe an bháis.

Ró-mhór mo ghrá le go n-inseoinn
    Cé hí mo ghrá.
Agus b'fhearr liom an bás ar son mo stóirín
    Ná a hainm a rá.

CHARLES BAUDELAIRE
(1821–1867)

L'INVITATION AU VOYAGE

Mon enfant, ma soeur,
Songe à la douceur
D'aller là-bas vivre ensemble!
Aimer à loisir,
Aimer et mourir
Au pays qui te ressemble!
Les soleils mouillés
De ces ciels brouillés
Pour mon esprit ont les charmes
Si mystérieux
De tes traîtres yeux,
Brillant à travers leurs larmes.

Là, tout n'est qu'ordre et beauté,
Luxe, calme et volupté.

Des meubles luisants,
Polis par les ans,
Décoreraient notre chambre;
Les plus rares fleurs
Mêlant leurs odeurs
Aux vagues senteurs de l'ambre,
Les riches plafonds,
Les miroirs profonds,
La splendeur orientale,
Tout y parlerait
A l'âme en secret
Sa douce langue natale.

CHARLES BAUDELAIRE
(1821-1867)

CUIREADH THAR BÓCHNA ANONN

A leanbh liom a's a shiúr,
Smaoin ar ár sócúl
Ach dul anonn in aontíos le chéile!
Ar sháimhín só an ghrá,
D'fhonn grá a's bás a fháil
Sa tír sin ar mór é a gaol leat!
Na grianta faoi smúid
Ina spéartha faoi ghruaim,
Is leo, dar le mo chiall, an draíocht,
An diamhair agus an rún
Is léir i dtréas do shúl,
Ag glioscarnach trí dheora do chaointe.

Is ann is ord ar fad a's áilleacht,
Só agus suaimhneas agus sáile.

Troscán tí faoi niamh
Agus loinnir na mblian,
'Sea bheadh mar mhaise ar ár seomra;
Togha a's rogha na mbláth
A's a gcumhracht á comhleá
Le fannbholadh fáin an ómra;
Saibhreas na síleáil,
Doimhneas na scáthán,
Gach iontas anoir agus a sciamh,
A's forrán acu go ciúin
Ar ár n-anam i modh rúin
Sa teanga shéimh ba dhúchas dó riamh.

Là, tout n'est qu'ordre et beauté,
Luxe, calme et volupté.

Vois sur ces canaux
Dormir ces vaisseaux
Dont l'humeur est vagabonde;
C'est pour assouvir
Ton moindre désir
Qu'ils viennent du bout du monde.
—Les soleils couchants
Revêtent les champs,
Les canaux, la ville entière,
D'hyacinthe et d'or;
Le monde s'endort.
Dans une chaude lumière.

Là, tout n'est qu'ordre et beauté,
Luxe, calme et volupté.

Is ann is ord ar fad a's áilleacht,
Só agus suaimhneas agus sáile.

Féach ansiúd sa chuan
An loingeas úd ina shuan
Agus fonn air dul i mbéal na toinne;
Chun freastal ort faoi bhroid
A's an mhian is lú ded' chuid
A thánadar ó chríocha na cruinne.
Na grianta ag dul faoi,
Gléasaid na bántaí,
Na cuanta, an chathair a's a cóngar
Le loinnir fhlannbhuí óir:
Tá sámh ar an domhan mór
Faoi sholas agus meirfean nóna.

Is ann is ord ar fad a's áilleacht,
Só agus suaimhneas agus sáile.

CHANT D'AUTOMNE

Bientôt nous plongerons dans les froides ténèbres;
Adieu, vive clarté de nos étés trop courts!
J'entends déjà tomber avec des chocs funèbres
Le bois retentissant sur le pavé des cours.

Tout l'hiver va rentrer dans mon être : colère,
Haine, frissons, horreur, labeur dur et forcé,
Et, comme le soleil dans son enfer polaire,
Mon coeur ne sera plus qu'un bloc rouge et glacé.

J'écoute en frémissant chaque bûche qui tombe;
L'échafaud qu'on bâtit n'a pas d'écho plus sourd.
Mon esprit est pareil à la tour qui succombe
Sous les coups du bélier infatigable et lourd.

Il me semble, bercé par ce choc monotone,
Qu'on cloue en grande hâte un cercueil quelque part.
Pour qui?—C'était hier l'été; voici l'automne!
Ce bruit mystérieux sonne comme un départ ...

DUAN FÓMHAIR

Is luath anois a phlúchfar sinn i ndorchadas a's fuacht;
Slán le gile ghléineach na samhraí dar linn nár leor!
Cluinim cheana ag titim ar nós creill bháis ina thuairt
An connadh a's a thorann toll ar phábháil na gclós.

Beidh an geimhreadh ar ais go hiomlán i mo chnámha: le fuath,
Fearg, ballchrith, gráin, diansaothar a's anró
Agus, ar nós mar atá an ghrian ina hifreann oighir ó thuaidh,
Ní bheidh i mo chroíse feasta ach cnapán craorag reo.

Crithim a's mé ag éisteacht le gach sail anuas ar lár;
An chroch a's í á tógáil, ní bodhaire choíche a gleo!
Is cosúil mé i m'aigne le bábhún ar forbhás
Faoi thrombhuille an reithe chogaidh nach dtuirsíonn go deo.

Feicthear dhom, a's mé mo chealgadh ag an tuargain bhalbh bhuan,
Go bhfuil an clár á bhualadh ar chónra áit éigin faoi dhriopás ...
Cé lena aghaidh?—Inné bhí an samhradh ann; an fómhar anois atá
        chughainn!
Sonann an fothram diamhair seo ar nós fógra chun imeacht'.

RECUEILLEMENT

Sois sage, ô ma Douleur, et tiens-toi plus tranquille,
Tu réclamais le Soir; il descend; le voici:
Une atmosphère obscure enveloppe la ville,
Aux uns portant la paix, aux autres le souci.

Pendant que des mortels la multitude vile,
Sous le fouet du Plaisir, ce bourreau sans merci,
Va cueillir des remords dans la fête servile,
Ma douleur, donne-moi la main; viens par ici,

Loin d'eux. Vois se pencher les défuntes Années,
Sur les balcons du ciel, en robes surannées;
Surgir du fond des eaux le Regret souriant;

Le Soleil moribond s'endormir sous une arche,
Et, comme un long linceul traînant à l'Orient,
Entends, ma chère, entends la douce Nuit qui marche.

MARANA

Go réidh, a Phian na páirte, a's ná bí liom go fóill.
An tráthnóna a bhí ag teastáil uait: seo chughat é ar deireadh thiar;
Tá an chathair féin á múchadh le dúchan doiléir ceo,
Uain síthe ag drong abhus, ag drong thall uain imní.

Fad atá an cine básmhar ina dhaoscarshlua táir,
A léadhbadh le sroigheall na Sáile, an t-anlaith úd gan trua,
Ag torramh fómhar aithreachais ag cóisir cham na dtráill,
Tabhair dom do lámh, a Phian liom; gabh ar leith ansiúd,

I bhfad uaidh. Féach na Blianta a bhí ag cromadh chughainn go
         claon,
Ar áiléar ard na spéire, i gcóiriú an tseanashaoil;
An Doilíos a's draothadh gáire air ag éirí as faoin toinn,

An Ghrian i riochtaibh éaga i súil an droichid thiar,
Agus, mar eisléine fhada á streachailt ón Aird anoir,
Éist chughainn, a rún liom, éist, tá an oíche chiúin ag triall.

HARMONIE DU SOIR

Voici venir les temps où vibrant sur sa tige
Chaque fleur s'évapore ainsi qu'un encensoir,
Les sons et les parfums tournent dans l'air du soir,
Valse mélancolique et langoureux vertige!

Chaque fleur s'évapore ainsi qu'un encensoir;
Le violon frémit comme un coeur qu'on afflige;
Valse mélancolique et langoureux vertige!
Le ciel est triste et beau comme un grand reposoir.

Le violon frémit comme un coeur qu'on afflige,
Un coeur tendre, qui hait le néant vaste et noir!
Le ciel est triste et beau comme un grand reposoir;
Le soleil s'est noyé dans son sang qui se fige.

Un coeur tendre, qui hait le néant vaste et noir,
Du passé lumineux recueille tout vestige!
Le soleil s'est noyé dans son sang qui se fige ...
Ton souvenir en moi luit comme un ostensoir!

SIANSA AN TRÁTHNÓNA

Seo chughainn na haimsirí a bhfuil gach gas ina chreathán,
Gach bláth ag imeacht ina ghal mar bheadh ina cheansóir,
Tá fuaimeanna agus cumhrachtaí ina sí gaoithe san aer um nóin,
Mar bheadh dansa dubhach uaigneach ann agus meadhrán agus támh!

Gach bláth ag imeacht ina ghal mar bheadh ina cheansóir,
Tá an bheidhlín go creathánach ar nós croí faoi bhrú a's crá;
Dansa dubhach uaigneach agus meadhrán agus támh!
Tá an spéir go brónach álainn ar nós na sacraiminte ar altóir.

Tá an bheidhlín go creathánach ar nós croí faoi bhrú a's crá,
Croí maoth gur fuath leis an neamhní dubh ollmhór!
An spéir go brónach álainn ar nós na sacraiminte ar altóir;
Tá an ghrian, a's a fuil ag téachtadh, i gcrólinn arna bá.

Croí maoth gur fuath leis an neamhní dubh ollmhór,
A's gach rian den seanam solais aige á bhailiú ina ndeascán!
An ghrian, a's a fuil ag téachtadh, i gcrólinn arna bá ...
Tá do chuimhne ina luisne ionam, mar bheadh in oisteansóir!

SPLEEN: QUAND LE CIEL BAS ET LOURD ...

Quand le ciel bas et lourd pèse comme un couvercle
Sur l'esprit gémissant en proie aux longs ennuis,
Et que de l'horizon embrassant tout le cercle
Il nous verse un jour noir plus triste que les nuits;

Quand la terre est changée en un cachot humide,
Où l'Espérance, comme une chauve-souris,
S'en va battant les murs de son aile timide
Et se cognant la tête à des plafonds pourris;

Quand la pluie, étalant ses immenses traînées,
D'une vaste prison imite les barreaux,
Et qu'un peuple muet d'infâmes araignées
Vient tendre ses filets au fond de nos cerveaux,

Des cloches tout à coup sautent avec furie
Et lancent vers le ciel un affreux hurlement,
Ainsi que des esprits errants et sans patrie
Qui se mettent à geindre opiniâtrement.

—Et de longs corbillards, sans tambours ni musique,
Défilent lentement dans mon âme; l'Espoir,
Vaincu, pleure et l'Angoisse atroce, despotique,
Sur mon crâne incliné plante son drapeau noir.

SPLEEN: 'NUAIR A LUÍONN AN SPÉIR ... '

Nuair a luíonn an spéir go híseal mar chlár pota anuas
Ar an aigne a's í ag giúnaíl le fadáil agus imní,
Agus ón bhfirmimint mórthimpeall go mall nó go luath
Go bhfearann orainn láchan is seacht-ngruama ná an oích';

Nuair atá an domhan arna chlaochlú ina chillín cúng tais,
Agus an Dóchas ar fán ann mar sciathán leathair caoch,
Ag cnagadh a eiteog scáfar le balla agus le fraigh
A's a chloigeann aige á bhualadh in aghaidh na n-ánshraith lofa liath;

Nuair a scarann an bháisteach a stáideanna i bhfad,
Ar cuma iad nó barraí i gcarcair mhór an tsaoil,
Agus téada damháin alla ina ndaoscarshlua balbh
Ag spré a líonta in íochtar ár n-inchinne thíos;

Geiteann foireann clog ina ndúiseacht le fiúnach a's le fraoch
Agus scaoileann chun na spéire liúrach scéine gan chosc,
Mar bheadh taisí ar seachrán ann gan talamh gan tír
A's olagón á chrochadh acu nach bhfuil dul a chur ina thost.

—Agus crócharnáidí móra, gan druma ar a gceann gan cheol,
Siúlann ina dtreasa malla im anam; tar éis a chloí,
Tá an Dóchas ag caoineadh, agus Duainéis an dearg-anstró
Ag tógáil bratach dubh na bua ar bhlaosc mo chloiginn chlaoin.

CORRESPONDANCES

La Nature est un temple où de vivants piliers
Laissent parfois sortir de confuses paroles:
L'homme y passe à travers des forêts de symboles
Qui l'observent avec des regards familiers.

Comme de longs échos qui de loin se confondent
Dans une ténébreuse et profonde unité
Vaste comme la nuit et comme la clarté,
Les parfums, les couleurs et les sons se répondent.

Il est des parfums frais comme des chairs d'enfants,
Doux comme les hautbois, verts comme les prairies,
—Et d'autres, corrompus, riches et triomphants,

Ayant l'expansion des choses infinies,
Comme l'ambre, le musc, le benjoin et l'encens,
Qui chantent les transports de l'esprit et des sens.

COMHCHOSÚLACHTAÍ

Is teampall é an Dúlra mar a scéitheann piléir bheo
Amach ó am go céile tranglam de bhriathra feas':
Siúlann an duine daonna ann trí choillte siombal cas
A scrúdaíonn é go cúramach le hamharc aithne a's eoil.

Mar bheadh macallaí fadálacha ann a chumascann go dlúth
Ina n-aontacht domhain dorcha diamhair i gcéin,
Oll-leathan mar bheadh an oíche ann nó mar bheadh gile lae,
Freagraíonn dá chéile cumhrachtaí, dathanna agus fuaim.

Tá cumhrachtaí ann atá úrghlan ar nós colainn leanbháin,
Bog mín ar nós ceoil óbó, glasuaine mar chluaintí,
—Agus cinn eile fós atá coirpe, séasúrach buacach lán,

A bhfuil leitheadacht le brath orthu mar bheadh san éigríoch,
Amhail an t-ómra agus an musc, an t-olbán agus an túis,
A chuireann ceol le támhnéalta ár gcéadfaí agus ár ndúil'.

UN VOYAGE À CYTHÈRE

Mon coeur, comme un oiseau, voltigeait tout joyeux
Et planait librement à l'entour des cordages;
Le navire roulait sous un ciel sans nuages,
Comme un ange enivré du soleil radieux.

Quelle est cette île triste et noire?—C'est Cythère,
Nous dit-on, un pays fameux dans les chansons,
Eldorado banal de tous les vieux garçons.
Regardez, après tout, c'est une pauvre terre.

—Ile des doux secrets et des fêtes du coeur!
De l'antique Vénus le superbe fantôme
Au-dessus de tes mers plane comme un arome,
Et charge les esprits d'amour et de langueur.

Belle île aux myrtes verts, pleine de fleurs écloses,
Vénérée à jamais par toute nation.
Où les soupirs des coeurs en adoration
Roulent comme l'encens sur un jardin de roses

Ou le roucoulement éternel d'un ramier!
—Cythère n'était plus qu'un terrain des plus maigres,
Un désert rocailleux troublé par des cris aigres.
J'entrevoyais pourtant un objet singulier!

Ce n'était pas un temple aux ombres bocagères,
Où la jeune prêtresse, amoureuse des fleurs,
Allait, le corps brûlé de secrètes chaleurs,
Entre-bâillant sa robe aux brises passagères;

Mais voilà qu'en rasant la côte d'assez près
Pour troubler les oiseaux avec nos voiles blanches,

THAR FARRAIGE CHUN NA CITÉIRE

Bhí mo chroí, mar bheadh éan ann, go sultmhar ar foluain
A's ag fainneáil go saorálach mórthimpeall an rigín bhairr;
Bhí an long ag luascadh léi faoi spéir gan néal gan smál,
Mar bheadh aingeal ann go gairdeasach faoin ghrian lonrach úr.

Cén t-oileán é siúd thall, go gruama dubh? Sin é an Chitéir,
A deirtear linn, tír mhórchlú más fíor do na hamhráin,
Eldorado smólchaite gach seanscaibhtéara fáin.
Féach, tar éis an tsaoil, níl ann ach talamh gortach géar.

—Oileán na modh rúin caoin agus na gcóisireacha grá!
Tá Véineas an tseanama ina taise uaibhreach uaill',
Mar bheadh cumhracht os cionn na farraige ann de shíor ar foluain
Ag luchtú meon na ndaonnaithe le háilíos agus le sámh.

Inis álainn na miortal glas, líonlán le scoth a's bláth,
A bhfuil urraim ag gabhail di riamh ó gach náisiún ar dhroim an
      domhain,
Áit a leathann osnaíl na gcroíthe a ghéill don ghrá gan chomha,
Mar bheadh néal túise ag leathadh thar rósarnach ina thámh

Nó mar dhurdáil bhuanmharthanach á cur suas ag colúr!
—Ní raibh sa Chitéir feasta ach ithir ghortach ghann,
Fásach de chlocha a's scileach á chrá le scréachaíl gharg.
Bhí léargas áfach á fháil agam ar shonra aisteach tamall uaim!

Ní teampall a bhí ann go cluthar faoi scáth na ngéag fionnuar
Agus an bansagart óg ag siúl faoi dhraíocht na mbláth,
A colainn á goradhghoin le teaspach rúnda grá,
A's a hionar ar faonoscailt le gach leoithne ar a cuairt;

Ní hea, ach sinn ag seoladh fán an chladaigh dlúth go leor
Chun scaoll a chur san éanlaith le cló ár seolta bán,

Nous vîmes que c'était un gibet à trois branches,
Du ciel se détachant en noir, comme un cyprès.

De féroces oiseaux perchés sur leur pâture
Détruisaient avec rage un pendu déjà mûr,
Chacun plantant, comme un outil, son bec impur
Dans tous les coins saignant de cette pourriture;

Les yeux étaient deux trous, et du ventre effondré
Les intestins pesants lui coulaient sur les cuisses,
Et ses bourreaux, gorgés de hideux délices,
L'avaient à coups de bec absolument châtré.

Sous les pieds, un troupeau de jaloux quadrupèdes,
Le museau relevé, tournoyait et rôdait;
Une plus grande bête au milieu s'agitait
Comme un exécuteur entouré de ses aides.

Habitant de Cythère, enfant d'un ciel si beau,
Silencieusement tu souffrais ces insultes
En expiation de tes infâmes cultes
Et des péchés qui t'ont interdit le tombeau.

Ridicule pendu, tes douleurs sont les miennes!
Je sentis, à l'aspect de tes membres flottants,
Comme un vomissement, remonter vers mes dents
Le long fleuve de fiel des douleurs anciennes;

Devant toi, pauvre diable au souvenir si cher,
J'ai senti tous les becs et toutes les mâchoires
Des corbeaux lancinants et des panthères noires
Qui jadis aimaient tant à triturer ma chair.

—Le ciel était charmant, la mer était unie;
Pour moi tout était noir et sanglant désormais,

D'aithníomar gurb é bhí ann crann croiche thrí thrasnán,
Go dubh idir sinn a's léas chomh díreach le cúfróg.

Bhí éanlaith chreiche chraosach ann ar fara ar a gcuid
Go fíochmhar ag stolladh ó chéile conablach rodta amach,
Gach ceann acu, mar bheadh acra aige, ag sá a ghoib neamhghlain
San uile chúinne crólinnteach den bhréantas brocach sin;

Ní raibh sna súile ach dhá pholl, agus as an bholg pléasctha amach,
Bhí drólann agus caolán lena leis ar sileadh anuas,
Agus foghlaithe a chreachta, iad sách le solmar trua,
Bhí sé coillte acu go hiomlán le priocadh a mbiorghob beacht.

Laistíos de na cosa ansin, bhí táin de bheithigh thnúth',
Soc in airde, mórthimpeall ag siortú a's ag seilg;
An brúta is mó acu ina lár anonn a's anall le feirg
Mar bheadh céastúnach ar obair agus a ghiollaí leis máguaird.

A fhir de shliocht na Citéire, a rugadh faoin spéir gan ghruaim,
B'éigean duit luí faoin íde sin gan focal féin a rá,
Mar leorghníomh i do ghábhair, san andúil suarach táir
Agus an pheacúlacht a thoirmisc ort an t-adhlacadh ba dhual.

A chonablach na háiféise, ionann dólás duit a's dom féin!
Ag breathnú ar do bhaill bheatha dhom a's iad ar foluain mar bhí,
D'airigh mé ina aiseag múisce ar chúl mo dhéid aníos
Sruthán fada domlais mo sheandólás a's péin'.

I do láthairse, a dhiabhail bhoicht, a gcuimhním ort le bá,
Mhothaíos gach rinnghob a's gach cairb fiacal riamh
De chuid na bhfeannóg gearrthach a's na bpantar dubh a's dian
Dar só anallód mo cholainn a choscairt a's a chrá.

—Bhí an spéir go haoibhinn álainn, bhí an mhuir go sámh ina luí;
Dar liom, bhí gach rud feasta ina dhúchan a's ina chosair cró,

Hélas! et j'avais, comme en un suaire épais,
Le coeur enseveli dans cette allégorie.

Dans ton île, ô Vénus! je n'ai trouvé debout
Qu'un gibet symbolique où pendait mon image ...
—Ah! Seigneur! donnez-moi la force et le courage
De contempler mon coeur et mon corps sans dégoût!

Fairíor! agus b'shin agam, mar bheadh i dtaiséadach róin,
Mo chroí go domhain i bhfolach sa bhfáithscéal úd go lán a bhrí.

San oileán úd leat, a Véinis, ní bhfuair mé ar a chorr
Ach crann croiche siombalach a's mo shamhail crochta as.
—Och, a Thiarna, agus deonaigh dhom de mhisneach a's de neart
Mo chroí agus mo cholainn trua a bhreathnú gan chol.

PAUL VERLAINE
(1844–1896)

LE CIEL EST, PAR-DESSUS LE TOIT

Le ciel est, par-dessus le toit,
    Si bleu, si calme!
Un arbre, par-dessus le toit,
    Berce sa palme.

La cloche, dans le ciel qu'on voit,
    Doucement tinte.
Un oiseau sur l'arbre qu'on voit
    Chante sa plainte.

Mon Dieu, mon Dieu, la vie est là,
    Simple et tranquille.
Cette paisible rumeur-là
    Vient de la ville!

—Qu'as-tu fait, ô toi que voilà
    Pleurant sans cesse,
Dis, qu'as-tu fait, toi que voilà,
    De ta jeunesse?

PAUL VERLAINE
(1844-1896)

AN SPÉIR THAR DHROIM NA NDÍONTA ...

An spéir thar dhroim na ndíonta,
    Nach gorm atá, nach ciúin!
Tá crann, thar dhroim na ndíonta,
    Ag luascadh a dhuilliúir.

Tá an clog ansin sa spéir uaim
    Ag bualadh go caoin.
Agus éan ar an chrann úd uaim
    Ag mairgneach go binn.

A Dhia dhíl, tá an saol ansin,
    Suaimhneach simplí.
An torann sítheach sóch ansin,
    Is é an baile mór é ina shuí.

Cad tá déanta agat, tusa ansin,
    Ag caoineadh gan sos.
Cad tá déanta agat, abair liom,
    Le d'óige agus do ghus?

MON RÊVE FAMILIER

Je fais souvent ce rêve étrange et pénétrant
D'une femme inconnue, et que j'aime, et qui m'aime,
Et qui n'est, chaque fois, ni tout à fait la même
Ni tout à fait une autre, et m'aime et me comprend.

Car elle me comprend, et mon coeur, transparent
Pour elle seule, hélas! cesse d'être un problème
Pour elle seule, et les moiteurs de mon front blême,
Elle seule les sait rafraîchir, en pleurant.

Est-elle brune, blonde ou rousse? – Je l'ignore.
Son nom? Je me souviens qu'il est doux et sonore
Comme ceux des aimés que la Vie exila.

Son regard est pareil au regard des statues,
Et, pour sa voix lointaine, et calme, et grave, elle a
L'inflexion des voix chères qui se sont tues.

SEANAISLING LIOM

Is minic chugham an aisling seo aduain a's faobharghéar,
Siabhairbhean anaithnid, a dtugaim searc di, a's ise dom,
Agus gach uair a dtagann, ní hionann choíche í, dar liom,
Ná ní haon eile í, a's tá searc aici dhom, a's lé.

Óir tá lé aici liom, agus mo chroí, ar follas é a's glinn
Dise amháin, monuar! ní cruacheist feasta a dhán
Dise amháin, agus taisleach goir mo mhala bhán,
Ise amháin is sás a fhionnuartha, lena deora cinn.

An donn, nó fionn, nó rua di?—Ní feasach mé.
A hainm? Is cuimhin liom é bheith caoin a's a chling bheith glé,
Mar bheadh gáir na leannán úd a scuab an saol ar fán.

Tá amharc mall ina súile ar nós na ndealbh a's a rosc,
A's a glór, is cian, ciúin, stuama atá, agus forrán
Na nglórtha ann a b'ionúin linn a's atá le seal ina dtost.

IL PLEURE DANS MON COEUR ...

Il pleure dans mon coeur
Comme il pleut sur la ville,
Quelle est cette langueur
Qui pénètre mon coeur?

O bruit doux de la pluie
Par terre et sur les toits!
Pour un coeur qui s'ennuie,
O le chant de la pluie!

Il pleure sans raison
Dans ce coeur qui s'écoeure.
Quoi! nulle trahison?
Ce deuil est sans raison.

C'est bien la pire peine
De ne savoir pourquoi,
Sans amour et sans haine,
Mon coeur a tant de peine!

TÁ CÁSAMH I MO CHROÍ ...

Tá cásamh i mo chroí
Mar atá báisteach sa tsráid,
Cén cineál sin lagbhrí
Atá ag treaghdadh mo chroí?

Nach bog í fuaim na mbraon
Le talamh agus ar an díon!
Dar le croí atá cortha faon,
Ó nach álainn ceol na mbraon!

Tá cásamh gan fáth gan chéill
Sa chroí seo atá lán ceas croí.
Céard! An ea nach ndearnadh tréas?
Tá an brón seo gan fáth gan chéill.

Is deimhin nach measa de dhua
Ná gan a thuiscint cad é an fáth,
Gan grá bheith ann gan fuath,
Go bhfuil mo chroí faoi ualach dua.

STÉPHANE MALLARMÉ
(1842-1898)

BRISE MARINE

La chair est triste, hélas! et j'ai lu tous les livres.
Fuir! là-bas fuir! Je sens que des oiseaux sont ivres
D'être parmi l'écume inconnue et les cieux!
Rien, ni les vieux jardins reflétés par les yeux
Ne retiendra ce coeur qui dans la mer se trempe,
O nuits! ni la clarté déserte de ma lampe
Sur le vide papier que la blancheur défend
Et ni la jeune femme allaitant son enfant.
Je partirai! Steamer balançant ta mâture,
Lève l'ancre pour une exotique nature!

Un Ennui, désolé par les cruels espoirs,
Croit encore à l'adieu suprême des mouchoirs!
Et, peut-être, les mâts, invitant les orages
Sont-ils de ceux qu'un vent penche sur les naufrages
Perdus, sans mâts, sans mâts, ni fertiles îlots ...
Mais, ô mon coeur, entends le chant des matelots!

STÉPHANE MALLARMÉ
(1842-1898)

FEOTHAN FARRAIGE

Tá an cholainn duairc, fairíor, a's tá léite agam a bhfuil ann de leabhair.
Éalú liom, ba mhaith liom éalú! Braithim éanlaith as a meabhair
A's iad chun sochaird idir an cúr gan aithne agus an spéir!
Níl aon ní, fiú na gairdíní ársa á scáiliú i súile glé,
A chuirfidh cúl ar an chroí seo a d'fholc é féin i muir na suadh,
Oíche ar oíche; chan léaró aimrid mo lampa ag teacht anuas
Ar an pháipéar nár breacadh darb anacal a leithead bán,
Ná an ógbhean féin in aice liom ag tál na cíche ar a leanbhán.
Bead ag imeacht! A ghaltáin, atá ag luascadh do chrainnte seoil,
Tóg an t-ancaire a's bímis ag tarraingt ionsar dhúlra aineoil!

Tá duainéis ann a's í á crá ag an dóchas gan trua,
A bhfuil a muinín go fóill i gceiliúr déanach na gciarsúr!
Agus na seolchrainn, b'fhéidir go ngairmfeadh stoirmeacha le fonn,
A's gur den chineál úd atáid a lúbfadh gaoth go mbáitear long,
I caillte, gan chrann, gan chrann, gan oileán méith dá comhair.
Ach éist, a chroí liom, éist leis na mairnéalaigh ag ceol.

ARTHUR RIMBAUD
(1854-1891)

LE DORMEUR DU VAL

C'est un trou de verdure où chante une rivière
Accrochant follement aux herbes des haillons
D'argent; où le soleil, de la montagne fière,
Luit: c'est un petit val qui mousse de rayons.

Un soldat jeune, bouche ouverte, tête nue,
Et la nuque baignant dans le frais cresson bleu,
Dort; il est étendu dans l'herbe, sous la nue,
Pâle dans son lit vert où la lumière pleut.

Les pieds dans les glaïeuls, il dort. Souriant comme
Sourirait un enfant malade, il fait un somme.
Nature, berce-le chaudement: il a froid.

Les parfums ne font pas frissonner sa narine;
Il dort dans le soleil, la main sur sa poitrine
Tranquille. Il a deux trous rouges au côté droit.

ARTHUR RIMBAUD
(1854-1891)

CODLATÁN AN GHLEANNA

Log uaine is ea an áit agus sruthán ann ag seinm,
Atá i bhfostú sa bhféar ina shreabh fhiáin chifleog
D'airgead geal; mar a bhfuil an ghrian, ó shliabh úd an leithid,
Ag dealramh; cúr solais is ea an gleanntán sa ló.

Saighdiúir óg, a bhéal ar leathadh, a cheann nocht tréith,
A's baic a mhuiníl sa bhiolar fionnuar gorm ar maos,
Tá ina chodladh ann; sínte sa bhféar, faoi spéarthaí an lae,
É bán ina leaba uaine mar a bhfuil an solas ina shlaod.

A dhá chois sna fearbáin, ina shuan atá, aoibh ar a chár
Mar aoibh gháire a bheadh ar leanbh tinn, i néal atá.
A Nádúir, luasc a chliabhán go teolaí: tá sé fuar.

Boladh cumhra na mbláthann, ní chuireann aiteas ina shrón;
Ina chodladh sa ghrian dó, a lámh caite ar a bhrollach mós
Sámh. Ina thaobh dheas tá dhá pholl dhearga úra.

BATEAU IVRE

Comme je descendais des Fleuves impassibles,
Je ne me sentis plus guidé par les haleurs:
Des Peaux-Rouges criards les avaient pris pour cibles,
Les ayant cloués nus aux poteaux de couleurs.

J'étais insoucieux de tous les équipages,
Porteur de blés flamands ou de coton anglais.
Quand avec mes haleurs ont fini ces tapages,
Les Fleuves m'ont laissé descendre où je voulais.

Dans les clapotements furieux des marées,
Moi, l'autre hiver, plus sourd que les cerveaux d'enfants,
Je courus! et les Péninsules démarrées
N'ont pas subi tohu-bohus plus triomphants.

La tempête a béni mes éveils maritimes.
Plus léger qu'un bouchon j'ai dansé sur les flots
Qu'on appelle rouleurs éternels de victimes,
Dix nuits, sans regretter l'oeil niais des falots.

Plus douce qu'aux enfants la chair des pommes sures,
L'eau verte pénétra ma coque de sapin
Et des taches de vins bleus et des vomissures
Me lava, dispersant gouvernail et grappin.

Et dès lors, je me suis baigné dans le poème
De la mer, infusé d'astres et latescent,
Dévorant les azurs verts où, flottaison blême
Et ravie, un noyé pensif parfois descend,

AN tÁRTHACH MEISCE

Ag imeacht le sruth dom ar Aibhneacha fuarchúise síos,
D'airíos mé gan treoir níos mó ó lucht tarraingthe na dtéad:
Rinne Indiagh Dhearga sprioc díbh a's iad ag liúrach in ard a gcinn
Á ngreamú nocht le táirní ar chuaillí datha a's gairéid.

Bhí mé beag beann ar fad ar gach sórt árthaigh agus airnéis,
Longa iompair agus cruithneacht Fhlóndrais nó cadás Sasanach ina
        mbroinn.
Nuair a tháinig críoch leis an chíréib agus le mo tharraingeoirí téad
Scaoil na hAibhneacha le m'aimhleas mé le himeacht i mbéal mo chinn.

Ar fud plabarnach bhuile na rabhartaí móra a bhí ard,
B'shin níos bodhaire mé, an geimhreadh úd, ná inchinn na n-óg gan
        chéill
I mo rith! Agus na leithinsí a bhí scaoilte a's ag seoladh leo ar fán
Níor fhulaing cíor thuathail riamh ná clampar ba mhó caithréim.

Chuir an t-anfa lán a bheannachta ar m'airneáin mhuirí.
B'éadroime ná corc mé ag imeacht ar bharr na dtonn
A mbíonn marbháin, más fíor, á gcartadh acu leo de shíor,
Deich n-oícheanta, gan chumha i ndiaidh bolgshúl na soilse cuain.

Níos caoine ná mar airíonn páistí bia na n-úll dearbh,
Tháinig an sáile glasuaine ag úscadh trí mo chabhail giúis'
Agus ó smáil na bhfionta gorma agus na n-aiseag searbh
Rinne mo ní, ag scarúint ó chéile idir ghruiféad agus stiúir.

Agus ó shin i leith, bhíos do m'fholcadh a's do m'ionlacan féin i ndán
Na farraige, a raibh reanna inti ar maos agus í ag imeacht ina lacht,
Ag alpadh spéarthaí gormghlas; mar a nochtann ina mhuirchur bán
Gliondarach, báiteachán buartha ó am go céile anuas le feacht;

Où, teignant tout à coup les bleuités, délires
Et rythmes lents sous les rutilements du jour,
Plus fortes que l'alcool, plus vastes que vos lyres,
Fermentent les rousseurs amères de l'amour!

Je sais les cieux crevant en éclairs, et les trombes,
Et les ressacs, et les courants; je sais le soir,
L'aube exaltée ainsi qu'un peuple de colombes,
Et j'ai vu quelquefois ce que l'homme a cru voir.

J'ai vu le soleil bas taché d'horreurs mystiques,
Illuminant de longs figements violets,
Pareils à des acteurs de drames très antiques,
Les flots roulant au loin leurs frissons de volets.

J'ai rêvé la nuit verte aux neiges éblouies,
Baisers montant aux yeux des mers avec lenteurs,
La circulation des sèves inouïes,
Et l'éveil jaune et bleu des phosphores chanteurs.

J'ai suivi, des mois pleins, pareille aux vacheries
Hystériques, la houle à l'assaut des récifs,
Sans songer que les pieds lumineux des Maries
Pussent forcer le mufle aux Océans poussifs.

J'ai heurté, savez-vous! d'incroyables Florides
Mêlant aux fleurs des yeux de panthères à peaux
D'hommes, des arcs-en-ciel tendus comme des brides,
Sous l'horizon des mers, à de glauques troupeaux.

J'ai vu fermenter les marais, énormes nasses
Où pourrit dans les joncs tout un Léviathan,
Des écroulements d'eaux au milieu des bonaces,
Et les lointains vers les gouffres cataractant.

Áit a ndeanntar go tobann gnéithe na goirme, rámhaillí
A's rithimí malla ag leathadh faoi ruithne lae agus tráth',
Níos meisciúla ná alcól, níos leithne ná ceol ár lír,
Is ann a choipeann ina braichleann bricíneach ghoirt an ghrá!

Is eol dom spéarthaí á roiseadh ina splainc, agus rilleadh na múr
Agus na réasaic agus na feachtaí; is eol dom tráthanna dheireadh lae,
An chamhaoir ag éirí mar bheadh ann comhthionól colúr,
Agus chonaic mé ó am go céile an méid, dar le daoine, is léir!

Chonaic mé an ghrian go híseal á salú ag uafáis rúin,
Ag soilsiú ina riabha fada téachta corcairghorm,
Ar nós mar a dhéanfadh aisteoirí i ndrámaí ársa aduain',
Agus tonntracha i gcéin ag cartadh creatháin na ndallóg borb.

Taibhríodh dom an oíche ghlasuaine faoi loinnir na sneachtaí geal
Mar phóga ag dreapadh ionsar shúile na mara faoi stró,
Cúrsaíocht chiúin na seamhar nár chualathas riamh orthu caint,
Agus dúiseacht bhuí agus ghorm na dtinte gealáin a's a gceoil.

Lean mé, ar feadh na míonna, mar bheadh cleithirí cleas
Ina líonrith, mórtas farraige ag ionsaí na scairbh,
Gan a mheabhrú go bhféadfadh gléchosa na dtrí Muire maith
An smut a dhingeadh siar ar Aigéin an charsáin ghairbh!

Greadadh mé, an eol díbh! le Magh Meall gan rian
A raibh blátha ann á meascadh le rinnrosca pantar goir
Faoi chraiceann daoine daonna! Tuartha ceatha chomh teann le sriain
A chuirfí, faoi fhormna farraige, le béal na dtréad glas goirt.

Chonaiceas riasca oll-leathana ag coipeadh, ina líontáin
Mar a raibh Leibhiatán ina iomláine ins an luachair ag meath!
Bailceanna ón spéir anuas i lár na dtéiglí lán,
Agus na cianchríocha ag scaireadh ionsar na duibheagáin síos ina n-eas!

Glaciers, soleils d'argent, flots nacreux, cieux de braises,
Echouages hideux au fond des golfes bruns
Où les serpents géants dévorés des punaises
Choient des arbres tordus avec de noirs parfums.

J'aurais voulu montrer aux enfants ces dorades
Du flot bleu, ces poissons d'or, ces poissons chantants.
Des écumes de fleurs ont béni mes dérades
Et d'ineffables vents m'ont ailé par instants.

Parfois, martyr lassé des pôles et des zones,
La mer dont le sanglot faisait mon roulis doux
Montait vers moi ses fleurs d'ombre aux ventouses jaunes
Et je restais ainsi qu'une femme à genoux,

Presqu'île ballottant sur mes bords les querelles
Et les fientes d'oiseaux clabaudeurs aux yeux blonds;
Et je voguais, lorsqu'à travers mes liens frêles
Des noyés descendaient dormir à reculons...

Or moi, bateau perdu sous les cheveux des anses,
Jeté par l'ouragan dans l'éther sans oiseau,
Moi dont les Monitors et les voiliers des Hanses
N'auraient pas repêché la carcasse ivre d'eau,

Libre, fumant, monté de brumes violettes,
Moi qui trouais le ciel rougeoyant comme un mur,
Qui porte, confiture exquise aux bons poètes,
Des lichens de soleil et des morves d'azur,

Qui courais taché de lunules électriques,
Planche folle, escorté des hippocampes noirs,
Quand les Juillets faisaient crouler à coups de triques
Les cieux ultramarins aux ardents entonnoirs,

Sruthanna oighir, grianta airgid, tuilte néamhainne, spéarthaí grís !
Soithí ina suí go gránna in íochtar na gcrompán donn
Mar a sileann nathracha móra, iad ar snámh le míolta a's sneá,
Ó na crainnte cama anuas, a's boladh dubh ina ndiaidh ina thonn.

B'é a b'áil liom a thaispeáint do pháistí ná gearbhánaigh gheal'
Na bóchna goirme, éisc órga, agus éisc ag gabháil ceoil.
—Bláthanna ina gcúr, is iad a chealgadh mé as ród a's cuan amach
Agus gaotha do-thuairisc ar uairibh, chuir siad eití fúm agus treo.

Uaireanta, ina mairtír di faoi thuirse crios agus mol,
D'ardaíodh an mhuir a bláthanna chugham go súiteach gruama buí
Le linn dá smeacharnach a's dá hosna bheith mo luascadh go buan bog
Agus d'fhanainn ann, mar a bheadh bean ar a glúine ag guí ...

B'oileán ar snámh mé ag cartadh liom ar mo bhruacha anonn a's anall
Cath a's cainniúr éan scréachach agus a súil go fiáin fionn.
A's mé ag seoladh liom, do ghluaiseadar trí lár mo gheimhleach fann
Báiteacháin chun sochaird, síos uaim i ndiaidh a gcúil.

Ach mise, i m'árthach caillte faoi chasfholt na gcamas cuar,
Mé caite ag an spéirling chun uachtar an aeir gan éan,
Mise nach ndéanfadh cathlong cruach ná soithí seoil aduaidh
Mo chabhail bhocht atá ar meisce sháile a thabhairt slán ar téad;

Saor, agus toit uaim, agus foireann orm de cheonna rua,
Mé ag treaghdadh na spéire gríosaí mar bheinn i mo bhalla cré,
Ar mo chlúdach le solamar na bhfilí agus na sua,
Duileascar gréine agus smugairlí as fiorghlinnte an aeir;

Mé ag rith liom, breac ballach le corráin d'aibhléis,
I mo chlár seachráin do mo thionlacan ag capaill nimhe dhubh',
Nuair a leagadh na míonna Iúil le buillí dá smaichtín tréan
Na spéarthaí sár-dúghorma síos sna fóiséid faoi bhruth;

Moi qui tremblais, sentant geindre à cinquante lieues
Le rut des Béhémots et des Maelstroms épais,
Fileur éternel des immobilités bleues,
Je regrette l'Europe aux anciens parapets.

J'ai vu des archipels sidéraux! et des îles
Dont les cieux délirants sont ouverts au vogueur:
Est-ce en ces nuits sans fond que tu dors et t'exiles,
Million d'oiseaux d'or, ô future Vigueur?

Mais, vrai, j'ai trop pleuré. Les aubes sont navrantes,
Toute lune est atroce et tout soleil amer.
L'âcre amour m'a gonflé de torpeurs enivrantes.
Oh, que ma quille éclate! Oh! que j'aille à la mer!

Si je désire une eau d'Europe, c'est la flache
Noire et froide où, vers le crépuscule embaumé,
Un enfant accroupi, plein de tristesse, lâche
Un bateau frêle comme un papillon de mai.

Je ne puis plus, baigné de vos langueurs, ô lames,
Enlever leur sillage aux porteurs de cotons,
Ni traverser l'orgueil des drapeaux et des flammes,
Ni nager sous les yeux horribles des pontons!

Mé ar ballcrith, ag brath leithchéad léig uaim geonaíl agus torann
Cúplála na mBeiheamót agus na Maelstrom ramhar righin,
Ag sníomh liom go síoraí na stad doghluaiste gorm,
Tá cumha go deo orm i ndiaidh na hEorpa a's na mbriotáisí a bhí!

Chonaiceas uaim oileánraigh réalt! agus chonac fós insí cuain
A bhfuil a spéarthaí mire ar leathadh roimh an seoltóir fáin:
An sna hoícheanta seo gan bhun atá do dheoraíocht, do shuan,
A oll-ealta d'éin óir, an tú an fuinneamh atá dúinn i ndán ?

Ach is fíor, chaoin mé barraíocht! Tá na maidineacha ina ndíol trua.
Is uafás í gach gealach agus is searbh í gach grian:
Chuir an grá garg borradh ionam le taomanna meisce a's suain.
Och, pléascadh mo chíle ó chéile! Och, scaoiltear mé chun na mara siar!

Más uisce ón Eoraip atá uaim, is ann a bheidh sin i slodán
Dubh fuar mar ar léir le léas cumhra dheireadh an lae
Páiste ar a chorraghiob, faoi ualach bróin, ag cur ar snámh
Báidín atá chomh leochaileach le féileacán i dtús a ré.

Ní fhéadaim feasta, a thonntracha, a's bhur leisce mo ní le ceilg
Leanúint liom i marbhshruth loingis agus cadás orthu ina lód,
Ná seoladh liom i láthair mhórtas na mbratach a's na meirg,
Ná snámh faoi shúile uafáis gach seanchabhail ar téad sa ród.

MA BOHÈME
(Fantaisie)

Je m'en allais, les poings dans mes poches crevées;
Mon paletot aussi devenait idéal;
J'allais sous le ciel, Muse! et j'étais ton féal;
Oh! là là! que d'amours splendides j'ai rêvées!

Mon unique culotte avait un large trou.
—Petit-poucet rêveur, j'égrenais dans ma course
Des rimes. Mon auberge était à la Grande-Ourse.
—Mes étoiles au ciel avaient un doux frou-frou.

Et je les écoutais, assis au bord des routes,
Ces bons soirs de septembre où je sentais des gouttes
De rosée à mon front, comme un vin de vigueur;

Où, rimant au milieu des ombres fantastiques,
Comme des lyres, je tirais les élastiques
De mes souliers blessés, un pied près de mon coeur.

SEAL AR FÁN DOM
(Fantaise)

Siúd liom mé a's mo dhóideanna i mo phócaí pollta síos;
Mo chóta mór ina theannta sin á chlaochlú ina idéal;
Amuigh faoin spéir dom, a Bhé an Dáin, a's mé dílis duit go héag;
A thiarcais! narbh iomaí searc agus síorghrá ar mo mhian!

An t-aon bhríste a bhí agam, bhí poll mór ina thóin.
—I mo chúrsa trí Thír na nÓg dom, chuireas díom ina slaod
Rannta ceoil. Bhí mé san ósta dar chomhartha an Céacht.
—Mo chuid réaltaí sa spéir ag seabhrán go sóch.

D'éistinn leo a's mé i mo shuí ar ghruaimhín na mbealaí mór,
Tráthnónta deasa fómhair a's mé ag aireachtáil deor
An drúchta ar m'éadan, ar nós fíona ag adhaint ionam brí;

Mé ag rannaireacht ann i measc sonraí nach bhfeictear a samhail
A's ag baint streancán, mar bheadh lír iontu, as iall agus sreang
Mo bhróg bhocht loite, agus cos liom buailte ar mo chroí!

[129]

MAURICE MAETERLINCK
(1862-1949)

ET S'IL REVENAIT UN JOUR

Et s'il revenait un jour
        Que faut-il lui dire?
            —Dites-lui qu'on l'attendit
Jusqu'à s'en mourir...

Et s'il m'interroge encore
        Sans me reconnaître?
            —Parlez-lui comme une soeur
Il souffre peut-être ...

Et s'il demande où vous êtes
        Que faut-il répondre?
            —Donnez-lui mon anneau d'or
Sans rien lui répondre ...

Et s'il veut savoir pourquoi
        La salle est déserte?
            —Montrez-lui la lampe éteinte
Et la porte ouverte ...

Et s'il m'interroge alors
        Sur la dernière heure?
            —Dites-lui que j'ai souri
De peur qu'il ne pleure.

MAURICE MAETERLINCK
(1862-1949)

AN LEANNÁN MÍ-DHÍLIS

Agus dá bhfillfeadh sé lá éigin
  Cad a b'áil leat mé a rá?
  —Abair leis go raibh mo shúil leis
Go dtí gur thug an dréim mo bhás ...

Agus má fhiafraíonn ceist eile díom
  Gan a fhios aige cé mé fhéin?
  —Labhair leis mar dhéanfadh deirfiúr,
D'fhéadfadh sé a bheith i bpéin ...

Agus má fhiafraíonn cá bhfuil tusa,
  Cén freagra a thabharfad air?
  —Tabhair dó an fáinne óir seo,
Gan aon fhreagra a thabhairt air ...

Agus má fhiosraíonn sé cad chuige
  A bhfuil an seomra tréigthe bán?
  —Taispeáin dó an lampa múchta
Agus an doras leata mar atá ...

Agus má fhiafraíonn ansin an cheist díom
  Conas mar bhí ar uair an bháis?
  —Abair leis go dtáinig aoibh orm,
Ar eagla é a chur faoi chrá.

PAUL CLAUDEL
(1868-1955)

L'ESPRIT ET L'EAU

Salut donc, ô monde nouveau à mes yeux, ô monde maintenant
total!
O credo entier des choses visibles et invisibles, je vous accepte
avec un coeur catholique!
Où que je tourne la tête
J'envisage l'immense octave de la Création!
Le monde s'ouvre et, si large qu'en soit l'empan, mon regard le
traverse d'un bout à l'autre.
J'ai pesè le soleil ainsi qu'un gros mouton que deux hommes forts
suspendent à une perche entre leurs épaules.
J'ai recensé l'armée des Cieux et j'en ai dressé état,
Depuis les grandes Figures qui se penchent sur le vieillard Océan
Jusqu'au feu le plus rare englouti dans le plus profond abîme,
Ainsi que le Pacifique bleu-sombre où le baleinier épie l'évent
d'un souffleur comme un duvet blanc.
Vous êtes pris et d'un bout du monde jusqu'à l'autre autour de Vous
J'ai tendu l'immense rets de ma connaissance.
Comme la phrase qui prend aux cuivres
Gagne les bois et progressivement envahit les profondeurs de
l'orchestre,
Et comme les éruptions du soleil
Se répercutent sur la terre en crises d'eau et en raz-de-marée,
Ainsi du plus grand Ange qui vous voit jusqu'au caillou de la route
et d'un bout de votre création jusqu'à l'autre,
Il ne cesse point continuité, non plus que de l'âme au corps;
Le mouvement ineffable des Séraphins se propage aux Neuf ordres
des Esprits,
Et voici le vent qui se lève à son tour sur la terre, le Semeur, le
Moissonneur!

PAUL CLAUDEL
(1868-1955)

AN SPIORAD AGUS AN tUISCE

Móra dhuit mar sin, a dhomhain is nua le mo shúil, a dhomhain
    atá feasta slán!
A chré an uile ní sofheicthe a's dofheicthe, glacaim leat le
    croí caitlicí!
Pé treo a gcasaim mo cheann
Breathnaím oll-ochtáibh na ndúl!
Osclaíonn an domhan agus, dá leithne an réise, siúlann mo
    radharcsa í ó cheann go ceann.
Rinne mé an ghrian a mheá mar bheadh caora mhór a chrochfadh
    beirt fhear láidir de chuing ar a slinneáin.
Rinne mé sluaite na bhFlaitheas a chuntas agus ríomh mé a líon,
Ó na Réaltbhuíonta móra anuas atá ag faire ar an seanóir d'Aigéan
Go dtí an tine den scoth is sia síos in íochtar an duibheagáin,
Amhail an tAigéan Ciúin dúghorm mar a mbíonn sealgaire na míol
    mór ag brath na séideán ina gclúmh bán.
Tá Tú gafa agus ó cheann ceann den domhan sa timpeall Ort
Tá spréite agam líon oll-leitheadach mo chuid eolais.
Amhail an mhír cheoil a thosaíonn ar na práis
A leathnaíonn chuig na gléasanna adhmaid agus de réir a chéile
    isteach i nduibheagáin na fóirne ceoil,
Agus ar nós mar a théann baill ghréine i bhfeidhm ar an talamh, ag
    spreagadh ganntan uisce agus rabhartaí móra,
Is amhlaidh, ón aingeal is airde atá ag breathnú Ort go méaróg na
    sráide agus ó cheann amháin de do chruthú go dtí an
    ceann eile,
Níl críoch leis an leanúnacht, san anam ach oiread leis an chorp;
Gluaiseacht do-ráite na Séaraifíní, leathann ar fud naoi n-ord na
    Spiorad,
Agus seo í an ghaoth ag éirí ar a seal ar talamh, an Síoladóir, an

Ainsi l'eau continue l'esprit, et le supporte, et l'alimente,
Et entre
Toutes vos créatures jusqu'à vous il y a comme un lien liquide.

Fómharaí!
Mar sin is fadú ar an spiorad an t-uisce, á choinnéail suas, á chothú,
Agus idir
Do chuid créatúr uile suas ionsort féin, tá mar bheadh ceangal
    leachta.

PAUL VALÉRY
(1871-1945)

LA FILEUSE

Assise, la fileuse au bleu de la croisée
Où le jardin mélodieux se dodeline;
Le roulet ancien qui ronfle l'a grisée.

Lasse, ayant bu l'azur, de filer la câline
Chevelure, à ses doigts si faibles évasive,
Elle songe, et sa tête petite s'incline.

Un arbuste et l'air pur font une source vive
Qui, suspendue au jour, délicieuse arrose
De ses pertes de fleurs le jardin de l'oisive.

Une tige, où le vent vagabond se repose,
Courbe le salut vain de sa grâce étoilée,
Dédiant magnifique, au vieux rouet, sa rose.

Mais la dormeuse file une laine isolée;
Mystérieusement l'ombre frêle se tresse
Au fil de ses doigts longs et qui dorment, filée.

Le songe se dévide avec une paresse
Angélique, et sans cesse, au doux fuseau crédule,
La chevelure ondule au gré de la caresse ...

Derrière tant de fleurs, l'azur se dissimule,
Fileuse de feuillage et de lumière ceinte:
Tout le ciel vert se meurt. Le dernier arbre brûle.

PAUL VALÉRY
(1871–1945)

AINNIR AN tSNÍOMHACHÁIN

Ina suí di ag an bhfuinneog ag sníomh le gorm na spéir'
Mar a bhfuil an gairdín siansach ag míogarnach chun suain;
Tá sí ar meisce ag an túirne ársa agus a sranntarnach gan staon.

Tuirseach, ar ibhe an asúir di, de bheith ag sníomh le múirn
An lomra, agus é éalaitheach ar a méara atá fann,
Ag aisling atá, agus sleabhac ar a ceainnín beag anuas.

Den sceach amuigh a's den leoithne déantar fuarán glan
Le solas an lae ar crochadh agus atá go hálainn ag spré
Thar ghairdín na díomhaoiní a dhuartan bláth ina chaill.

An gas, mar a bhfuil an feothan fánach ag ligean a scíth',
Sléachtann ina chúirtéis bhaoth go ngrástúlacht na réalt,
Ag toirbhirt don seanathúirne a róis go feartach fial.

Ach tá an codlatán ag sníomh olla atá scoite amach léi féin;
An fhaonscáil go diamhair tá ag imeacht ina trilseán
A's na méara fada suanmhara á ligean ina abhras réidh.

Scaoiltear amach an aisling ina snáth de leisce mhall
Ainglí, agus is buan teann leis an bhfearsaid chreidmheach chóir
An ciabhfholt ina ólaí faoi láínteacht na lámh ...

Laistiar de líon na mbláthann tá gorm na spéire ag feo,
A ainnir, a bhfuil mionn ort den duilliúr a's den lá,
Tá an spéir ghlas ar fad le héag. Tá deireadh na gcrann ag dó.

Ta soeur, la grande rose où sourit une sainte,
Parfume ton front vague au vent de son haleine
Innocente, et tu crois languir... Tu es éteinte

Au bleu de la croisée où tu filais la laine.

Do shiúr, an rós fairsing a's aoibh an bhan-naoimh ina lár,
Scaoileann a hanáil fá d'éadan doiléir ina friota cumhra caoin
Soineanta, agus tú dar leat faoi néal ... I dtionnúr atáir

Faoi ghorm na spéire ag an bhfuinneog mar a raibh an olainn agat
    á sníomh.

LE CIMETIÈRE MARIN

Ce toit tranquille, où marchent des colombes,
Entre les pins palpite, entre les tombes;
Midi le juste y compose de feux
La mer, la mer, toujours recommencée!
Ô récompense après une pensée
Qu'un long regard sur le calme des dieux!

Quel pur travail de fins éclairs consume
Maint diamant d'imperceptible écume,
Et quelle paix semble se concevoir!
Quand sur l'abîme un soleil se repose,
Ouvrages purs d'une d'éternelle cause,
Le Temps scintille et le Songe est savoir.

Stable trésor, temple simple à Minerve,
Masse de calme, et visible réserve,
Eau sourcilleuse, Oeil qui gardes en toi
Tant de sommeil sous un voile de flamme,
Ô mon silence!...Édifice dans l'âme
Mais comble d'or aux mille tuiles, Toit!

Temple du Temps, qu'un seul soupir résume,
A ce point pur je monte et m'accoutume,
Tout entouré de mon regard marin;
Et comme aux dieux mon offrande suprême,
La scintillation sereine sème
Sur l'attitude un dédain souverain.

Comme le fruit se fond en jouissance,
Comme en délice il change son absence
Dans une bouche où sa forme se meurt,
Je hume ici ma future fumée,
Et le ciel chante à l'âme consumée
Le changement des rives en rumeur.

[140]

AN REILIG COIS NA MARA

An díon seo na sáimhe a bhfuil colúir air ag siúl,
Ag broidearnach idir na péiní tá, agus i measc na dtuaim;
Tá á suaimhniú ann ag an mheánlae beacht as loinnir na laom
An mhuir, an mhuir, á síorchóimeáil arís ó bhonn!
Óró, ní fearr de chúiteamh sa teoir agus sa chonn
Ná an silleadh fada seo ar neamhchúis na ndéith'!

Nach glan í mar luain ag an chló tíntrí mín
Ag sú a liacht sin diamant ón chúr do-airithe aníos,
A's nach iontach í an tsíocháin a shamhlaítear, is dóigh!
Nuair a théann grian chun sochaird go hard thar an aibhéis,
Saothair íonghlana de chuid na cúise síoraí féin,
Bíonn an tAm ina ghléireán agus an Taibhreamh ina eol.

A thaisce bhuan, a theampall Mhineirve ina aon,
A mheall chiúnais agus a bhunchúil shoiléir,
A uisce an díomais, a Shúil a choinníonn ionat faoi iamh
A oiread sin suain faoi chaille na lasrach a's na laom,
Ó a thost liom! ... A árais istigh san anam faon,
A chíor mhullaigh an óir agus na mílte slinn, a Dhíon!

Teampall an Ama, a thoilleann san aon osna chroí,
Suas liom ar an bhuaic ghlan seo ag gabháil ina taithí,
Ar gach taobh timpeall orm radharc na mara uaim;
A's mar ofráil na n-ofráil do na déithe thar mo cheann,
Scaipeann an gléireán gléineach uaidh go teann
Ar fhormna an doimhnis a dhímheas mórluaigh.

Mar a leánn an t-úll ina bhlastacht bia,
Mar a iompaíonn a éagmais ina háilíos
Sa bhéal ina dtéann a chruthaíocht chun scéith',
Is amhlaidh a bholaím anseo an toit ina mbead,

Beau ciel, vrai ciel, regarde-moi qui change!
Après tant d'orgueil, après tant d'étrange
Oisiveté, mais plein de pouvoir,
Je m'abandonne à ce brillant espace,
Sur les maisons des morts mon ombre passe
Qui m'apprivoise à son frêle mouvoir.

L'âme exposée aux torches du solstice,
Je te soutiens, admirable justice
De la lumière aux armes sans pitié!
Je te rends pure à ta place première:
Regarde-toi!...Mais rendre la lumière
Suppose d'ombre une morne moitié.

Ô pour moi seul, à moi seul, en moi-même,
Auprès d'un coeur, aux sources du poème,
Entre le vide et l'événement pur,
J'attends l'écho de ma grandeur interne,
Amère, sombre et sonore citerne,
Sonnant dans l'âme un creux toujours futur!

Sais-tu, fausse captive des feuillages,
Golfe mangeur de ces maigres grillages,
Sur mes yeux clos, secrets éblouissants,
Quel corps me traîne à sa fin paresseuse,
Quel front l'attire à cette terre osseuse?
Une étincelle y pense à mes absents.

Fermé, sacré, plein d'un feu sans matière,
Fragment terrestre offert à la lumière,
Ce lieu me plaît, dominé de flambeaux,
Composé d'or, de pierre et d'arbres sombres,
Où tant de marbre est tremblant sur tant d'ombres;
La mer fidèle y dort sur mes tombeaux!

A's canann an spéir leis an anam atá caite ar fad
Síorathrú na mbruach agus a dtorann tréith.

A spéir is breá, a spéir is fíor, sill ormsa nach buan!
Tar éis a raibh ann de mhórtas agus, más aduain,
De dhíomhaointeas, cé lionta le brí a's le neart,
Scaoilim mé féin leis an leathantas a's a loinnir lán,
Thar árais seo na marbh siúlann mo scáth
A's mé faoi smacht ag a luail leochail lag.

Agus m'anam nocht le bladhmsach na Féile Eoin,
Seasaim an fód i do láthair, a iontais chóir
De chuid an tsolais nach dual trua dá airm!
Cuirim ar ais thú íonghlan san áit ba leat ó thús:
Breathnaigh ort féin ... ! Ach chun an solas úd a chasadh suas,
Ní mór an scáth a bheith linn ina leathchuid leamh.

Ar mo shon féin, dom féin, ionamsa féin amháin,
I gcomhad an chroí, cois foinsí doimhne an dáin,
Idir an neamhní agus an eachtra íon,
Fanaim le macalla na mórgachta i mo lár,
An umar goirt sin na gruaime agus an ghearáin
Mar a sonann ar fud an anama an cuas is dual de shíor.

A chime bréige os mo chomhair i measc an duilliúir,
A dhuibheagáin atá ag creimeadh na ngreillí gortach úd,
A's tú i do luí ar mo shúile dúnta agus a ndiamhair dhalltach ghlé,
An eol duit cén corp a mheallann mé ionsar a cheann cúrsa sámh,
Cén t-éadan atá dom' tharraingt ionsar ithir seo na gcnámh?
Tá drithle ann ag machnamh ar mo lucht éagmaise go léir.

Dúnta mar atá, sacrálta, lán le tine nach intadhall,
Blúire talún, ina íobairt don ghrian agus dá bladhm,
Is aoibhinn liom an áit, a's uaill na lóchrann uirthi anuas,
Comhdhéanta d'ór, den chloch agus de ghruamacht na gcrann

Chienne splendide, écarte l'idolâtre!
Quand solitaire au sourire de pâtre,
Je pais longtemps, moutons mystérieux,
Le blanc troupeau de mes tranquilles tombes,
Éloignes-en les prudentes colombes,
Les songes vains, les anges curieux!

Ici venu, l'avenir est paresse.
L'insecte net gratte la sécheresse;
Tout est brûlé, défait, reçu dans l'air
A je ne sais quelle sévère essence ...
La vie est vaste, étant ivre d'absence,
Et l'amertume est douce, et l'esprit clair.

Les morts cachés sont bien dans cette terre
Qui les réchauffe et sèche leur mystère.
Midi là-haut, Midi sans mouvement
En soi se pense et convient à soi-même ...
Tête complète et parfait diadème,
Je suis en toi le secret changement.

Tu n'as que moi pour contenir tes craintes!
Mes repentirs, mes doutes, mes contraintes
Sont le défaut de ton grand diamant...
Mais dans leur nuit toute lourde de marbres,
Un peuple vague aux racines des arbres
A pris déjà ton parti lentement.

Ils ont fondu dans une absence épaisse,
L'argile rouge a bu la blanche espèce,
Le don de vivre a passé dans les fleurs!
Où sont des morts les phrases familières,
L'art personnel, les âmes singulières?
La larve file où se formaient des pleurs.

A bhfuil na múrtha marmair ann ag creathán os slua na scál;
Tá an bhóchna dhílis ina suan ann os cionn mo chuidse tuaim.

A chú faire álainn, beir uaim lucht adhartha íol!
I m'aonar dom, mar ba thréadaí mé ag aoireacht faoi aoibh,
A's mé ag fosaíocht go fadálach caoirigh seo mo rúin,
Tréad bán mo chuid uaigheanna atá go sámh anseo ina luí,
Glan as an áit i bhfad uaim colúir úd na fadaraí,
Na brionglóidí baotha, scaoth na n-aingeal aduain!

Iar sroicheadh anseo, is neamart an t-am atá ag teacht,
Scríobann an fheithid bhriosc an spallach seasc;
Tá gach ní dóite, sceite, súite ar ais san aer
Ina chuid den eisint lom nach fios a sórt.
Is fada feidheartha an saol, ar meisce ina éagmais eoil,
Agus is sóch caoin don chrá, a's an aigne is léir.

Tá na mairbh faoi cheilt go sámh sa chré seo fúm
A dhéanann a ngoradh agus a thriomaíonn a rún.
An Meánlae thuas, an Meánlae ansin ina stad,
Meabhraíonn é féin ina chroí agus é cuibhiúil dó féin ...
I do chloigeann slán mar atáir agus i do mhionn gan éasc,
Is é is mise ionat an claochlú folaigh feast'.

Níl agat ach mise chun do scaoll a chur ar gcúl!
Gach is aithrí liom, gach amhras, gach bac a's dua,
Is iad a d'fhág éalang ar do dhiamant mór! ...
Ach san oíche sin acu faoin mharmar trom,
Tá an pobal doiléir sínte le fréamh na gcrann
Atá dulta i bpáirt leat cheana go mall agus go deo.

Leáite súite atáid ina n-éagmais dhlúth,
An cineál bán, táid ólta ag an chréafóg rua,
Bua na beatha tá aistrithe i scéimh na bhflós!
Cár ghabh na mairbh a's a gcaint ba chleachtach linn,

Les cris aigus des filles chatouillées,
Les yeux, les dents, les paupières mouillées,
Le sein charmant qui joue avec le feu,
Le sang qui brille aux lèvres qui se rendent,
Les derniers dons, les doigts qui les défendent,
Tout va sous terre et rentre dans le jeu!

Et vous, grande âme, espérez-vous un songe
Qui n'aura plus ces couleurs de mensonge
Qu'aux yeux de chair l'onde et l'or font ici?
Chanterez-vous quand serez vaporeuse?
Allez! Tout fuit! Ma présence est poreuse,
La sainte impatience meurt aussi!

Maigre immortalité noire et dorée,
Consolatrice affreusement laurée,
Qui de la mort fais un sein maternel,
Le beau mensonge et la pieuse ruse!
Qui ne connaît, et qui ne les refuse,
Ce crâne vide et ce rire éternel!

Pères profonds, têtes inhabitées,
Qui sous le poids de tant de pelletées,
Êtes la terre et confondez nos pas,
Le vrai rongeur, le ver irréfutable
N'est point pour vous qui dormez sous la table,
Il vit de vie, il ne me quitte pas!

Amour, peut-être, ou de moi-même haine?
Sa dent secrète est de moi si prochaine
Que tous les noms lui peuvent convenir!
Qu'importe! Il voit, il veut, il songe, il touche!
Ma chair lui plaît, et jusque sur ma couche,
A ce vivant je vis d'appartenir!

A n-ealaín phearsanta, lucht an anama ghlinn?
Tá an chrumhóg ag fi san áit a siltí deoir.

Screadaíl chaol a's cigilt curtha i mbé,
Súile, fiacla, mogaill na ndeor maoth,
Cíoch na caithise ag macnas le bladhm na mian,
An fhuil ag lonrú ins na beola a ghéill,
An féirín deiridh, méara an chosnaimh réidh,
Téann faoi na fóide a's filleann sa chluiche arís.

Agus, a anam na móiréise, an le haisling atá do dhréim
Nach mbeidh uirthi feasta dathanna úd na mbréag
A fhoilsíonn do shúil na colainne anseo an tonn agus an t-ór?
An mbeidh tú ag ceol go fóill a's tú imithe i do ghal?
Seo leat! Gluaiseann gach ní! Scagach atá mo sheal,
Téann in éagaibh lán chomh cinnte an mhífhoighid naofa fós.

Is gann gortach thú mar shuthaineacht le do dhubh agus le d'ór,
A cheann sóláis bhréige faoi do fhleasc labhrais leor,
A dhéanann den bhás a's dá uafás fochras máthar mín,
Nach deas uait é mar éitheach, nach cráifeach é an cleas!
Nach eol dúinn go léir iad, a's nach lag orthu ár meas,
An cloigeann folamh fann agus an straois air de shíor!

A aithreacha an doimhnis, a cheanna gan áitriú aoin,
Faoi ualach an oiread sin sluaistí den chréafóg ansin thíos,
Is sibhse an ithir nach siocair seachráin dár gcéim,
An míol creimneach dearbh, an chruimh nach leomhann bac,
Ní chugaibhse atá in bhur gcodladh daoibh faoin leac,
Ar an bheo atá sé beo, níl scaradh aige liom féin.

Le teann grá, b'fhéidir, nó an ea gur le hanbharr fuath?
Tá an fhiacail rúin sin aige chomh gar dom ina dua
Go bhfuil gach cineál ainm oiriúnach dó, ní foláir!
Cár chuma! Is mé is radharc di, machnamh, tadhall agus mian!

Zénon! Cruel Zénon! Zénon d'Élée!
M'as-tu percé de cette flèche ailée
Qui vibre, vole, et qui ne vole pas!
Le son m'enfante et la flèche me tue!
Ah! le soleil ... Quelle ombre de tortue
Pour l'âme, Achille immobile à grands pas!

Non, non! ... Debout! Dans l'ère successive!
Brisez, mon corps, cette forme pensive!
Buvez, mon sein, la naissance du vent!
Une fraîcheur, de la mer exhalée,
Me rend mon âme ... Ô puissance salée!
Courons à l'onde en rejaillir vivant!

Oui! Grande mer de délires douée,
Peau de panthère et chlamyde trouée
De mille et mille idoles du soleil,
Hydre absolue, ivre de ta chair bleue,
Qui te remords l'étincelante queue
Dans un tumulte au silence pareil,

Le vent se lève! ... Il faut tenter de vivre!
L'air immense ouvre et referme mon livre,
La vague en poudre ose jaillir des rocs!
Envolez-vous, pages tout éblouies!
Rompez, vagues! Rompez d'eaux réjouies
Ce toit tranquille où picoraient des focs!

Is aoibhinn leis mo cholainn go fiú agus mé i mo luí,
Is leis an bheo seo mé, agus is beo dom dá bharr.

Zéanón Éiléach! A Zéanón, is tú an Zéanón crua!
An ea gur chuir tú tríom saighead úd na gcleití luath',
É creathánach ar eitilt, a's ina dhiaidh sin nach mbogann puinn!
Fágann an fhuaim i mo bhreith úr mé a's tugann an saighead mo bhás!
Óró, an ghrian, féach ... Mar bheadh an toirtís sin ina scáth
Ar an anam, mar bheadh Aichill na dtruslóg ann gan corraí puinn.

Ní hamhlaidh a bheidh! ... Bí i do sheasamh! I ré seo na himeacht am'!
Bris ó chéile, a cholainn liom, an múnla machnaimh mall.
Ól siar ionat, a chliabhraigh liom, an ghaoth a's a dúchas úr!
Tá fionnuaire ann, mar bheadh anáil na farraige anall,
Ag aisíoc liom m'anama ... Le neart an tsáile thall!
Amach linn sna tonnta, dár mbeochan as an nua.

Is ea! A mhuir mhór dár tíolaice idir mhearbhall agus seachrán,
Craiceann pantair thú agus fallaing atá pollta ó bhun go barr
Le céad míle aithinne, mionsamhailtí den ghrian.
A nathair na seacht gceann, táir sách le do ghormfheoil féin,
Ag síorchogaint an eireabaill sin agat na ndrithlí agus na spréach
Le foghar agus fothram nach ciúine an tost ná iad.

Tá an ghaoth ag géarú! ... Ní mór tabhairt faoin saol!
An oll-leoithne leathann sé mo leabhar agus dúnann é arís,
Tá an tonn ina steallta sprúilligh go dalba ó aill a's rinn!
Seo libh san aer ar shiúl uaim, a leathanacha an iontais léir!
Brisigí, a thonntracha, brisigí de mhadhmanna ríméid
An díon seo na sáimhe atá ina chriathar ag seolta cinn.

CHARLES PÉGUY
(1873-1914)

HEUREUX LES ÉPIS MURS

Heureux ceux qui sont morts pour la terre charnelle,
Mais pourvu que ce fût dans une juste guerre.
Heureux ceux qui sont morts pour quatre coins de terre.
Heureux ceux qui sont morts d'une mort solennelle.

Heureux ceux qui sont morts dans les grandes batailles,
Couchés dessus le sol à la face de Dieu.
Heureux ceux qui sont morts sur un dernier haut lieu,
Parmi tout l'appareil des grandes funérailles.

Heureux ceux qui sont morts pour des cités charnelles.
Car elles sont le corps de la cité de Dieu.
Heureux ceux qui sont morts pour leur âtre et leur feu,
Et les pauvres honneurs des maisons paternelles.

Car elles sont l'image et le commencement
Et le corps et l'essai de la maison de Dieu.
Heureux ceux qui sont morts dans cet embrassement,
Dans l'étreinte d'honneur et le terrestre aveu.

Car cet aveu d'honneur est le commencement
Et le premier essai d'un éternel aveu.
Heureux ceux qui sont morts dans cet écrasement,
Dans l'accomplissement de ce terrestre voeu.

Car ce voeu de la terre est le commencement
Et le premier essai d'une fidélité.
Heureux ceux qui sont morts dans ce couronnement
Et cette obéissance et cette humilité.

CHARLES PÉGUY
(1873–1914)

'IS MÉANAR DO NA DIASA ATÁ AIBÍ'

Is méanar dóibh sin a d'éag ar son na talún tadhaill,
Ar an acht amháin gur tharla sin i gcogadh a bhí cóir.
Is méanar dóibh sin a d'éag ar son a gceithre chúinne fóid.
Is méanar dóibh sin a d'éag le cróchar agus le creidhill.

Is méanar dóibh sin a d'éag i gcathanna móra groí,
Iad sínte ar dhroim na talún ar aghaidh ghnúis Dé.
Is méanar dóibh sin a d'éag ar ardaibh dheireadh lae,
I measc galántacht a's gléas na dtórramh mór ba chuí.

Is méanar dóibh sin a d'éag ar son na gcathrach tadhaill.
Óir is iad sin corp a's colainn chathair Dé Bhí.
Is méanar dóibh sin a d'éag ar son tinteáin agus tí,
A's do chum onóir agus modhúlacht a sinsear agus a saghais.

Óir is iad na súailcí sin is scáthán agus íomhá agus tús
Agus colainn agus dréachtleagan áras uasal Dé.
Is méanar dóibh sin a d'éag agus iad snaidhmthe tréan
I mbarróg na honóra faoi mhóid dhílis na talún.

Óir an mhóid sin na honóra, is tosach í agus tús
Agus an chéad iarraidh á tabhairt ar mhóid shíoraí séin.
Is méanar dóibh sin a d'éag le linn an turnaimh tréin,
Agus móid a dtíre dúchais comhlíonta acu go buan.

Óir an mhóid sin na talún, is é atá inti tús
Agus triail tosaigh déanta ar dhílseacht cheart a's chóir.
Is méanar dóibh sin a d'éag agus iad ag teacht i gcoróin,
A's an umhlaíocht úd á cleachtadh acu agus an úirísleacht úr.

Heureux ceux qui sont morts, car ils sont retournés
Dans la première argile et la première terre.
Heureux ceux qui sont morts dans une juste guerre.
Heureux les épis mûrs et les blés moissonnés.

Is méanar dóibh sin a d'éag, óir tá siad fillte anuas
Sa chré a bhí ann i dtosach agus in ithir ársa an fhóid.
Is méanar dóibh sin a d'éag a's iad ag troid i gcogadh cóir.
Is méanar do na diasa atá aibí agus don chruithneacht ins an
    chruach.

NUIT SUR LE GOLGOTHA

Mais surtout, Nuit, tu me rappelles cette nuit.

Et je me la rappellerai éternellement.

La neuvième heure avait sonné. C'était dans le pays de mon
peuple d'Israël.

Tout était consommé. Cette énorme aventure.

Depuis la sixième heure il y avait eu des ténèbres sur tout le pays,
jusqu'à la neuvième heure.

Tout était consommé. Ne parlons plus de cela. Ça me fait mal.

Cette incroyable descente de mon fils parmi les hommes.

Chez les hommes.

Pour ce qu'ils en ont fait.

Ces trente ans qu'il fut charpentier chez les hommes.

Ces trois ans qu'il fut une sorte de prédicateur chez les hommes.

Un prêtre.

Ces trois jours où il fut une victime chez les hommes.

Parmi les hommes.

Ces trois nuits où il fut un mort chez les hommes.

Parmi les hommes morts.

Ces siècles et ces siècles où il est une hostie chez les hommes.

Tout était consommé, cette incroyable aventure

Par laquelle, moi, Dieu, j'ai les bras liés pour mon éternité.

Cette aventure par laquelle mon Fils m'a lié les bras.

Pour éternellement liant les bras de ma justice, pour éternellement
déliant les bras de ma miséricorde.

Et contre ma justice inventant une justice même.

Une justice d'amour. Une justice d'Espérance. Tout était
consommé.

Ce qu'il fallait. Comme il avait fallu. Comme mes prophètes
l'avaient annoncé. Le voile du temple s'était déchiré en
deux, depuis le haut jusqu'en bas.

La terre avait tremblé; des rochers s'étaient fendus.

Des sépulcres s'éitant ouverts, et plusieurs corps des saints qui
étaient morts étaient ressuscités.

GOLGOTA FAOI CHOIM NA hOÍCHE

(*Is é Dia atá ag caint*)
Ach thar aon ní eile, a Oíche liom, meabhraíonn tú dom an
    oíche úd.
Agus meabhróidh mé dom féin é go síoraí.
Bhí an naoú huair buailte. I dtír mo mhuintire, Iosrael, a bhí.
Bhí an t-iomlán i gcrích. An eachtra mhór úd.
Ón séú huair bhí an dorchadas anuas ar an tír ar fad, go dtí an
    naoú huair.
Bhí an t-iomlán i gcrích. Is leor sin de chaint air mar scéal.
Goilleann sé orm.

An chaoi do-chreidte a dtáinig mo mhac anuas i measc daoine.
Fairis na daoine.
Ar son a ndearnadar leis.
Na tríocha bliain sin a raibh sé ina shaor adhmaid fairis na daoine.
Na trí bhliain sin a raibh sé ina chinéal de sheanmóirí fairis na daoine.
Ina shagart.
Na trí lá sin a raibh sé ina íobairt fairis na daoine.
I measc na ndaoine.
Na trí oíche sin a raibh sé ina mharbhán fairis na daoine.
I measc na marbh.
Na saolta agus na saolta sin a bhfuil sé ina ofráil fairis na daoine.
Bhí an t-iomlán i gcrích, den eachtra do-chreidte úd a d'fhág ceangal
    na gcúig gcaol orm, ormsa Dia, ar feadh na síoraíochta
    seo agam.
An eachtra úd lenar chuir mo Mhac ceangal ar mo dhá láimh.
Ag ceangal go síoraí lámha mo chóra, ag dícheangal go síoraí lámha
    mo thrócaire.
Agus i gcoinne mo chóra ag ceapadh a shainchóra féin.
Cóir an ghrá. Cóir an Dóchais. Bhí an t-iomlán curtha i gcrích.
Rud ba ghá. Mar ba ghá riamh é. Mar a bhí fógartha ag mo chuid
    fáithe. Bhí brat an teampaill réabtha ina dhó, ón bharr
    go dtí an bun.

Et environ la neuvième heure mon Fils avait poussé

Le cri qui ne s'effacera point. Tout était consommé. Les soldats
    s'en étaient retournés dans leurs casernes.

Riant et plaisantant parce que c'était un service de fini.

Un tour de garde qu'ils ne prendraient plus.

Seul un centenier demeurait, et quelques hommes.

Un tout petit poste pour garder ce gibet sans importance.

La potence où mon Fils pendait.

Seules quelques femmes étaient demeurées.

La Mère était là.

Et peut-être aussi quelques disciples, et encore on n'en est pas bien
    sûr.

Or tout homme a le droit s'ensevelir son fils.

Tout homme sur terre, s'il a ce grand malheur.

De ne pas être mort avant son fils. Et moi seul, moi Dieu,

Les bras liés par cette aventure,

Moi seul à cette minute père après tant de pères,

Moi seul je ne pouvais pas ensevelir mon fils.

C'est alors, ô nuit, que tu vins.

O ma fille chère entre toutes et je le vois encore et je verrai cela
    dans mon éternité.

C'est alors ô Nuit que tu vins et dans un grand linceul tu ensevelis

Le Centenier et ses hommes romains,

La Vierge et les saintes femmes,

Et cette montagne et cette vallée, sur qui le soir descendait,

Et mon peuple d'Israël et les pécheurs et ensemble celui qui
    mourait, qui était mort pour eux

Et les hommes de Joseph d'Arimathée qui déjà s'approchaient

Portant le linceul blanc.

Bhí an talamh tar éis creatha; bhí na carraigeacha réabtha.

Bhí tuamaí tar éis oscailt, agus mórán de choirp na naomh tar
éis éirí óna suan.

Agus timpeall an naoú huair, chuir mo Mhac scread as,

An scread nach dtéann ar ceal. Bhí an t-iomlán i gcrích. Bhí na
saighdiúirí fillte abhaile chun a gcampaí.

Ag gaire a's ag déanamh grinn mar gur diúité eile é a bhí curtha
díobh.

Tamall ar garda nach mbeadh le déanamh arís.

Ní raibh fágtha ach taoiseach céad, agus dornán fear.

Baicle beag bídeach mar gharda ar an chroch seo gan tábhacht.

An crann sin a raibh mo Mhacsa crochta air.

Ní raibh fágtha ach baicle ban.

Bhí an Mháthair ann.

Agus b'fhéidir leis roinnt deisceabal, cé nach bhfuil sin féin cinnte.

Anois tá de cheart ag aon fhear a mhac a chur i dtalamh.

Duine ar bith ar domhan, má thagann an mí-ádh mór air

Nach bhfaigheann bás roimh mhac.

Agus mise amháin, mise Dia

Agus mo lámha ceangailte ag an eachtra úd,

Mise amháin sa nóiméad sin im' athair tar éis a raibh ann
d'aithreacha,

Mise amháin ní fhéadfainn mo mhac a chur i dtalamh.

Is ansin, a oíche, a chuid, a tháinig tú.

A iníon is ionúine liom díobh go léir agus feicim fós é agus
feicfidh mé é ar feadh na síoraíochta seo agam

Is ansin, a Oíche, a tháinig tú agus san aon taisléine mhór chuir tú
faoi choim

An taoiseach céad agus a chuid Rómhánach,

An Mhaighdean agus na mná naofa,

Agus an sliabh úd agus an gleann, a raibh an tráthnóna anuas orthu,

Agus mo mhuintir Iosrael agus na peacaigh agus ina dteannta an té
a bhí le bás, a fuair bás anois ar a son

Agus Iósaf as Aramatáia cheana fein agus a chuid fear ag
tarraingt aníos

Ag iompar na taisléine báine.

GUILLAUME APOLLINAIRE
(1880-1918)

LES COLCHIQUES

Le pré est vénéneux mais joli en automne
Les vaches y paissant
Lentement s'empoisonnent
Le colchique couleur de cerne et de lilas
Y fleurit tes yeux sont comme cette fleur-là
Violâtres comme leur cerne et comme cet automne
Et ma vie pour tes yeux lentement s'empoisonne

Les enfants de l'école viennent avec fracas
Vêtus de hoquetons et jouant de l'harmonica
Ils cueillent les colchiques qui sont comme des mères
Filles de leurs filles et sont couleur de tes paupières
Qui battent comme les fleurs battent au vent dément

Le gardien du troupeau chante tout doucement
Tandis que lentes et meuglant les vaches abandonnent
Pour toujours ce grand pré mal fleuri par l'automne

GUILLAUME APOLLINAIRE
(1880–1918)

CRÓCHA AN FHÓMHAIR

Nimh atá sa mhóinéar ach is breá é san fhómhar
Na ba atá ag iníor ann
Táid á nimhiú féin le stró
Cróch an fhómhair ar dath na corcra agus na sailchuaiche con
Tá faoi bhláth ann tá do shúilese ar aon iúl leis an bhláth san
Corcairghorm ar nós na logall agat agus ar nós mar atá an fómhar
Agus mo bheatha le grá dod' shúile tá á nimhiú féin le stró

Gasraí na scoile tagann ann le gliogar a's glóir-réim
Gléasta ina gcasóga agus ag seinm ar orgáin béil
Stoithid crócha an fhómhair atá ar nós máithreacha ina mbua
Iníonacha a gcuid iníonach agus tá ar dath do mhogaill súl
Ag faiteadh ar nós na mbláthanna ag faiteadh sa séideán fill

Aoire an tréada tá ag ceol go bog binn
Agus na ba go mall ag géimneach tréigeann siad go deo
An móinéar mór leathan seo faoi bhreacbhláth an fhómhair.

LE PONT MIRABEAU

Sous le pont Mirabeau coule la Seine
Et nos amours
Faut-il qu'il m'en souvienne
La joie venait toujours après la peine

Vienne la nuit sonne l'heure
Les jours s'en vont je demeure

Les mains dans les mains restons face à face
Tandis que sous
Le pont de nos bras passe
Des éternels regards l'onde si lasse

Vienne la nuit sonne l'heure
Les jours s'en vont je demeure

L'amour s'en va comme cette eau courante
L'amour s'en va
Comme la vie est lente
Et comme l'Espérance est violente

Vienne la nuit sonne l'heure
Les jours s'en vont je demeure

Passent les jours et passent les semaines
Ni temps passé
Ni les amours reviennent
Sous le pont Mirabeau coule la Seine

Vienne la nuit sonne l'heure
Les jours s'en vont je demeure

DROICHEAD NA SÉINE

Faoin seandroichead siar tá an tSéin ag sní
      Agus cúrsaí ár ngrá
    An ea nach mór a meabhrú dom arís
Ba ghnách chughainn riamh lúcháir tar éis crá croí

     Tagadh an oíche buaileadh an uair
     Triallann na laethe fanaimse buan

Greim lámh againn ar a chéile dreach le dreach
      Fanaimis fad atá
    Faoi dhroichead ár dhá rítheach síos le feacht
Sruth tréith na silleadh síoraí ag imeacht

     Tagadh an oíche buaileadh an uair
     Triallann na laethe fanaimse buan

Triallann an grá ar nós an uisce úd ina thaom
      Triallann an grá
    Nach righin mall mar ghluaiseann an saol
A's nách dásachtach don Dóchas saor

     Tagadh an oíche buaileadh an uair
     Triallann na laethe fanaimse buan

Imíonn na laethe a's imíonn na seachtainí
      Ní fhilleann go deo
    Gairdeas an ghrá ná an t-am a bhí
Faoin seandroichead siar tá an tSéin ag sní

     Tagadh an oíche buaileadh an uair
     Triallann na laethe fanaimse buan

NUIT RHÉNANE

Mon verre est plein d'un vin trembleur comme une flamme
Écoutez la chanson lente d'un batelier
Qui raconte avoir vu sous la lune sept femmes
Tordre leurs cheveux verts et longs jusqu'à leurs pieds

Debout chantez plus haut en dansant une ronde
Que je n'entende plus le chant du batelier
Et mettez près de moi toutes les filles blondes
Au regard immobile aux nattes repliées

Le Rhin le Rhin est ivre où les vignes se mirent
Tout l'or des nuits tombe en tremblant s'y refléter
La voix chante toujours à en râle-mourir
Ces fées aux cheveux verts qui incantent l'été

Mon verre s'est brisé comme un éclat de rire

OÍCHE COIS RÉINE

Tá mo ghloine lán le fíon ina chreathán mar lasair fhann
Éistidh leis an amhrán mall á cheol ag fear an bháid
Atá ag ríomh mar do chonaic le solas gealaí seachtar ban
Ag casadh a ngruaige uaine a's í ina slaod leo anuas go sáil

Bídh in bhur seasamh ceolaidh níos airde a's sibh ag dul sa rince saor
Ná tagadh chugham níos mó an t-amhrán úd ag fear an bháid
Agus cuiridh anseo in aice liom gach cailín cúileann caomh
Gona súile malla maotha agus a dtrilseáin fána gceann

An Réin tá an Réin ar meisce agus finiúna ann ina scáil
Sileann ór na huile oíche anuas á scáthánú ann ar crith
Tá an glór ag canadh fós mar bheadh glothar grágach báis
Fá shíóga na gruaige uaine a bhfuil an samhradh acu faoi dhraíocht

Bhris mo ghloine ó chéile mar bhrisfeadh gáire ina racht

[163]

Nótaí ar na filí

Jaufré Rudel c1150:
Trúbadóir agus prionsa, duine de chéadfhilí an 'amour courtois'. Bheadh sé spéisiúil an t-amhrán clúiteach seo dá chuid a chur i gcomparáid le dánta grá na Gaeilge. Tá atmasféar diamhrach ann sa chaoi nach léir cé hé an 'grá i gcéin'—bean uasal de chuid na linne sin, nó samhailt de chuid an fhile, nó fiú siombal misticeach de ghrá Dé? De réir an scéil, bhí an file i ngrá le Cuntaois sa Phailistín nach bhfaca sé riamh ach ar spreag iomrá a scéimhe an grá ann. Chuaigh sé amach ansin ar an Chrosáid in 1147 agus fuair bás ann lena Chuntaois ag a thaobh. Pé fíor bréag an méid sin, lainséail an dan seo miotas fileata an 'ghrá i gcéin', 'amor de lonh', atá le fáil ag Heine, Browning, Edmond Rostand agus a léithéidí.

Christine de Pisan (1363-1431):
Iníon le dochtúir Iodálach i seirbhís Rí na Fraince, agus cosantóir cróga na mban ina cuid scríbhneoireachta. Fágadh ina baintreach í le triúr páiste in aois a cúig bhliain fichead, agus thóg sí a clann le mórán dua. Chum sí a cuid filíocht ghrá idir 1400 agus 1415 agus ansin thug an clochar uirthi féin. Scríobh sí dán in onóir do Shiún d'Arc a raibh sí suas lena linn. Bean a raibh intleacht ghéar, croí íogair agus cultúr leathan aici, d'éirigh léi friotal a chur ar a braistint i stíl chuanna ghrástúil.

Charles d'Orléans (1391-1465):
Nia le Rí na Fraince, gabhadh é ag cath Agincourt agus chaith sé cúig bhliain fichead ina phríosúnach i Sasana, rud a thug caoi dó an bua filíochta a bhí ann a shaothrú agus a d'fhág cumha a thíre féin ina théama torthúil aige (mar atá sa chéad dán dá chuid anseo). Tá rian an 'amour courtois' go soiléir ar a dhéantús chomh maith, agus liriciúlacht simplí díreach ann freisin a bhfuil cuannacht inti gan cur-i-gcéill agus dáiríreacht gan dul thar fóir.

François Villon (1431-1463?):
Má bhí aithne ag Charles d'Orléans agus Villon ar a chéile, b'éagsúil ar fad an saol a bhí acu. Máistir sna healaíona de chuid Ollscoil Phárais, chuaigh François le drabhlás agus le coiriúlacht, go dtí sa deireadh gur

daoradh chun a chrochta é. Scríobh sé an feartlaoi iomráiteach atá ar an dara dán dá chuid anseo an oíche roimh a bhás. Ach tugadh párdún dó ar an nóiméad deireanach, agus níl tásc ná tuairisc le fáil air ina dhiaidh sin. Ní mórán ar fad a scríobh sé, agus an chuid is mó de ar ghnáth-théamaí na Méanaoise—neamhbhuaine an tsaoil seo, scéin an bháis, grá agus grá éagmaise—ach bhí úire iomlán sa bhfriotal díreach a chleacht sé, maille le taithí an tsaoil, mothú fírinneach agus ciall do dhráma an oilc i saol an duine. Is minic a bhíonn blas ar a veársaí a chuirfeadh filí na Gaeilge sa 17ú agus san 18ú haois i gcuimhne duit. Sampla de seo is ea an t-amhrán truamhéileach in onóir na Maighdine Muire a rinne sé ar iarratas óna mháthair, bean bhocht gan léann. Áirítear Villon anois ar fhilí móra na Fraince.

Joachim du Bellay (1522-1560):
Cara agus comhghleacaí le Pierre de Ronsard agus ball den ghrúpa filí a thug *La Pléiade* orthu féin, chuir Du Bellay a ainm leis an fhorógra *La Deffence et Illustration de la Langue française,* a léirigh a gcuid idéanna ar athnuachan na filíochta. B'áil leo foirmeacha na hIodáilise agus na gClasaicí, an óid agus an soinéad, de rogha ar sheandéantúis na Fraincise. Nuair a fuair sé post mar rúnaí dá uncail, an Cairdinéal Jean du Bellay, ambasadóir chun an tSuí Naofa, thapaigh sé an deis le dul chun na Róimhe, áit ar scríobh sé deascán soinéad, *Les Antiquités de Rome,* ag cur síos ar ghlóir an tSeanama agus an chumha a d'fhág na fothracha air. Ach is gearr a mhair an díograis agus chum sé an dara duanaire, *Les Regrets,* atá lán de dhíomá i láthair suarachas agus camastaíl na Cathrach agus cumha i ndiaidh a cheantar dúchais—mar atá léirithe sa dán seo *Is méanar ar nós Úiliséas.*

Louise Labé (1522-1566):
Banfhile a bhí ina ball de scoil filíochta chlúiteach i Lyon. Bhí iomrá uirthi as a scéimh agus as a cultúr. Scríobh sí saothar próis, *Débat de folie et d'amour,* ach tá a cáil bunaithe feasta ar a cuid dánta grá. Ligeadh i ndearmad iad ar feadh cupla céad bliain, ach áirítear anois iad i measc an chuid is díocasaí agus is fireata d'fhilíocht ghrá na Fraincise.

Pierre de Ronsard (1524-1586):
Mórfhile Renaissance na Fraince, a d'fhill mar aon lena chara, Du Bellay, ar staidéar na Seanchlasaicí i gColáiste Coqueret i bPáras agus

a bhunaigh an *Pléiade* mar aon leis. Thug sé saol fada leis agus d'fhág saothar raidhsiúil ina dhiaidh a d'fhéadfaí a roinnt ina thrí mhórchuid: filíocht léannta ar dtús ag aithris ar Phiondar agus ar Phetrarca, ansin deascáin de dhéantús simplí agus grastúil ar a bhfuil mórán soinéad in onóir Cassandre, Marie agus Héléne (as ar roghnaíodh na haistriúcháin anseo agus a n-aithneofar ina measc an bunlíne óna bhfuair Yeats 'When you are old and grey and full of sleep'), agus i dtreo dheireadh a shaoil nuair a bhí ina chogadh fá chúrsaí creidimh, dánta teagascacha agus conspóideacha. B'ait mar a rinneadh faillí ina shaothar sa 17ú agus 18ú haois, ach musclaíodh spéis ann arís in aimsir an Rómánsachais agus glaotar 'prionsa na bhfilí' air.

Jean de La Ceppède (1550-1622); Jean-Baptiste Chassignet (1578-1635); Tristan l'Hermite (1601-1665); Laurent Drelincourt (1621-1681):

Bhí an oiread sin cáil ar Ronsard gur fágadh na filí a lean é go cionn cupla glúin faoi scáth. Go dtí an lá inniu is mó spéis a chuirtear sa tréimhse bharócach seo ar an choigrích ná sa Fhrainc féin. Is minic an deabhóid agus an dáiríreacht a bhain le ré na gconspóidí creidimh le brath orthu, agus bíonn dúil acu i dtéamaí an bháis, diomuaine agus síorchlaochlú an tsaoil seo, agus stíl iontu a léiríonn íogaireacht chráite nó dhíbhirceach. Ba mhinic an spiorad seo i dtreise i measc lucht an dlí agus ba dhlíodóirí agus uaisle La Ceppède agus Chassignet. Má ba dhrámadóir Tristan l'Hermite, bhí Drelincourt ina mhinistir Úgóineach a dtáinig cuid dá mhuintir go hÉirinn tar éis 1695. Tá sé spéisiúil an dán seo aige, *Saolú ár Slánaitheora*, a chur i gcomparáid le *Dia dhuit, a naoidhe naoimh* le hAodh Mac Aingil, a bhfuil an íogaireacht bharócach laistiar de freisin.

François Malherbe (1555-1628):

Ba dheacair file a shamhlú ní ba dhifriúla ó liriciúlacht éasca an *Pléiade* nó ón scaoilteacht bharócach ná Malherbe. Sheas sé don intleachtúlacht in áit na mothúchán, don ghontacht in ionad na raidhsiúlacht. Bhí an inspioráid tearc aige féin ach dhamnaigh sé Ronsard agus a mhacasamhla agus chuir smacht chomh héifeachtach ar fhilí óga a linne gur beag nár díbríodh an liriciúlacht as filíocht na Fraince ar feadh céad go leith bliain. An dán atá anseo *Ar Bhás a mhic*, is ceann é den bheagán leis a bhfuil mothú pearsanta le brath air, cé go bhfuil soiléir ann dúil na linne san argóint intleachtúil, fiú agus filíocht á scríobh acu.

Jean de La Fontaine (1621-1695):
Má tá áit fós ag liriciúlacht an dúlra i bhfilíocht Fraincise an 17ú haoise, tá an chreidiúint ag dul do La Fontaine. Níl file is mó atá dulta i bhfeidhm ar mheon na bhFrancach, mar bíonn na 'fabhalscéalta' a scríobh sé ar chláracha bunscoile, méanscoile agus ollscoile. Sna dánta gearra seo a thoirbhir sé do mhac óg Louis XIV in 1668, chruthaigh sé foirm úrnua filíochta a bhfaigheann idir óg agus aosta blas uirthi. Ba dheacair rómholadh a thabhairt do na seoda seo a bhfuil cuma shimplí orthu ach san am céanna sófaisticiúlacht braistinte agus teicníochta iontu a fhágann beaguchtach ar an aistritheoir. Sa dara cnuasach a d'fhoilsigh sé in 1679, d'éirigh leis an fhoirm a úsáid chun ábhair níos doimhne a ionramháil, chun fadhbanna fealsúnta agus eolaíocha a phlé, agus a phearsantacht féin a nochtadh níos soiléire i bhfriotal.

André Chénier (1762-1794):
Ceann den bheagán filí san 18ú haois a thuarann teacht an Rómánsachais de bharr fhírinneacht an mhothaithe agus an nasc idir a scríbhneoireacht agus a shaol pearsanta, fuair sé bás faoin ghilitín dhá lá sular thit Robespierre ó chumhacht. Mac le consal de chuid na Fraince, rugadh é i gCathair Chonstaintín agus bhí dúil mhór aige ar feadh a shaoil i gcultúr na sean-Ghréige—mar is léir ón ídil bheag atá aistrithe anseo.

Marceline Desbordes-Valmore (1786-1859):
Ban-aisteoir agus ceoltóir a fuair saol crua le bochtanas, le grá éagmaise agus le bris an báis ach a lorgaigh agus a d'aimsigh a sólás san fhilíocht. Ní mórán léinn a bhí uirthi, mar sin tá glór díreach glan ina liriciúlacht. 'Cheol sí mar a cheolfadh éan', adúirt Sainte-Beuve fúithi. (File Peirseach de chuid an 13ú haoise a b'ea Saadi, a scríobh filíocht íontach grá agus dúlra).

Alphonse de Lamartine (1790-1869):
De shliocht uasal sa Bhurgóin, taidhleoir, polaiteoir, thairg Lamartine saothar raidhsiúil próis agus filíochta sa saol fada a thug sé leis. Chuir an pobal dúil mhór ina chéad chnuasach dánta, *Méditations poétiques*, a bhí mar chéad toradh fileata ar an Rómánsachas sa bhFraincis. B'aoibhinn lena chuid léitheoirí friotal cumhachtach a fháil ina dteanga féin agus i véarsaíocht uasal ar na téamaí a bhí faisiúnta ó aimsir Goethe, Byron agus Chateaubriand—an grá éagmaise, draíocht an dúlra, diamhra an

chreidimh. B'ionann an leabhar agus réabhlóid agus dúirt an file féin gur chuir sé cláirseach i lámha Bhé na filíochta nach seacht dtéad an tSeanama a bhí inti ach snáithíní an chróí dhaonna. Scríobh sé *An Fómhar*, an 23ú dán sna *Méditations* in 1819 tar éis aithne a chur ar an chailín Sasanach a phós sé.

Victor Hugo (1802-1885):

Más fíor an scéal, nuair a cuireadh ceist ar André Gide cérbh é mórfhile na Fraince, d'fhreagair sé: 'Victor Hugo—hélas!' Ach má cháin na criticeoirí tamall a bhladhmann, éadroime a chuid fealsúnachta, a reitric éasca, aithnítear anois go bhfuil áit ar leith aige i stair litríocht na Fraince. Scríobh sé drámaí, úrscéalta, filíocht liriciúil agus eipiciúil, aoir, agus bhí sé ina cheannródaí san fhilíocht nua-aimseartha. Bhí éagsúlacht iontach ina inspioráid liriciúil, ach níl am ar bith is fírinní í ná nuair is friotal í ar a dhólás príobháideach. An chéad dán leis anseo, scríobhadh é ceithre bhliain go díreach ón lá a bádh a iníon mar aon lena fear céile in abhainn na Séine. Sa dara ceann, tá sé ar deoraíocht ar oileán Jersey mar agóid i gcoinne réimeas Napoleon III, agus é faoi bheaguchtach agus lionn dubh. Músclaíonn siad mac alla go domhain fiú i léitheoir an lae inniu.

Gérard de Nerval (1808-1855):

De thairbhe cúinsí a óige (cailleadh a mháthair agus é ina naíonán) agus a dhúil i litríocht na Gearmáinise (d'aistrigh sé *Faust* le Goethe), is téama leanúnach é ina shaothar an *Ewigweibliche*, 'l'éternel féminin', an bhean mar shlánaitheoir agus mar idéal. Sampla de is ea an *Fhantaise* bheag atá anseo. Is mó ná sin a bhrí, áfach, sa méid gur meascán é den chuimhne, den bhrionglóid agus den tnúth le parthas a cailleadh. Le himeacht aimsire, tháinig mearú intinne air a d'fhág cuimhne agus miotas, réaltacht agus aisling, meascaithe go do-réitithe ins na soinéid a d'fhoilsigh sé faoin teideal *Chimères* in 1844, arb é *El Desdichado* an ceann is clúití díobh. Tá liriciúlacht íonghlan ag baint leo a sháraíonn iarrachtaí an aistritheora, agus chuaigh a ndiamhracht allabhrach go mór i gcionn ar scoileanna an tsiombalachais agus an osréalachais. Fuarthas Nerval bocht crochta i gcúlshráid i lár Pháras, agus ní fios ná gur chuir sé lámh ina bhás féin.

Alfred de Musset (1810-1857):

Drámadóir agus file liriciúil, b'fhéidir gurb é is rómánsaí de mhórfhilí rómánsacha na Fraince, ina shaothar agus ina shaol araon. Bhí tuiscint ar leith aige don bhun-iomas úd an Rómánsachais gurb é glanmhothú an chroí is fíorfhoinse don liriciúlacht (mar is léir ón dán beag dá chuid anseo). Ina leannán ag an bhanúrscéalaí George Sand, ba é an lánúnas corrach ciaptha sin a thug a thalann fileata in abaíocht. Bhí an iomarca den ghreann agus den íoróin ann áfach le go rachadh sé chun áiféise, mar a tharla le Rómánsaigh eile. Níor tuigeadh a chuid drámaí lena linn féin. Chuaigh an t-ólachán a raibh sé tugtha dó faoina shláinte ar deireadh, tháinig an aois air go hantráthach agus is beag maith a rinne sé ar feadh na seacht mbliain déag deireanacha dá shaol.

Charles Baudelaire (1821-1867):

An file Francach is mó tionchar de chuid an 19ú haois ar fad, níor scríobh sé ach an t-aon saothar filíochta amháin, *Les Fleurs du mal*, cé go raibh sé ina mhórchriticeoir ealaíne agus litríochta agus gurb aireagán dá chuid freisin an dán próis. Ní hionann agus na Rómánsaigh, ba bheag leis cuspóir morálta nó sóisialta nó daonnachtúil a bheith ag an fhilíocht, ná dúil sa tseanam. B'áil leis filíocht 'íonghlan', í nua-aimseartha ina hábhar, ag iarraidh friotal a chur ar thraigéide an choinníll dhaonna, mar arb é an dólás an fhíoruaisleacht a scaoileann an file isteach i ndomhan eile, nach bhfuil an domhan seo ach ina scáile nó ina shiombal air. Is geall le tuairisc *Les Fleurs du mal* ar an oilithreacht pheannaideach ó urchóid agus anbhuain an tsaoil ionsar an Idéal. Ag iarraidh a anam a leigheas, triaileann an file an fhilíocht, an grá, radharcanna na cathrach, 'parthais tacair' an fhíona agus na ndrugaí, agus le tréan éadóchais ar deireadh an Sátanachas agus an bás. Trí mheán na gcomhchosúlachtaí idir an domhan tadhaill agus an domhan spioradálta gheibheann sé radharc ar an Áilleacht a leigheasann a chás agus a dtugann sé faoina léiriú dá chomhdhaonnaithe. Mhill Baudelaire a shláinte le drabhlás agus lena andúil san óipiam agus sa haisís, agus chaith sé bliain dheireanach a shaoil ina phairilíseach gan urlabhra cé go raibh iomlán a chéille aige go deireadh.

Paul Verlaine (1844-1896):

Cléireach i Halla na Cathrach i bPáras, ba gheal leis comhluadar lucht litríochta agus ealaíne ins na caiféanna tar éis obair an lae, mar ar chuir sé ródhúil sa bhiotáille, ach a spreag é chun a chéad chnuasach filíochta a fhoilsiú, *Poèmes saturniens*, é ag léiriú cheana na tréithe pearsanta a d'fhan go buan aige, íogaireacht chorrach, collaíocht, ceol allabhrach. Is scáthán iad a chuid véarsaí uaidh sin amach ar chorraí thraigéideach a shaoil, cleamhnas mí-ámharach, lánúnas homa-ghnéasach le Rimbaud, príosún sa Bheilg (áit ar scríobh sé an dán *An spéir thar dhroim na ndíonta*), slacairt ar a bhean chéile agus ar a mháthair, turnamh sa drabhlás agus sa bhochtanas. Ach d'aireag sé teicníocht impreisiúnach san fhilíocht, d'athmhúscail sa bhFraincis ceol na teangan, agus chuir tús le scaoileadh chuibhreacha na meadarachtaí traidisiúnta. I ndeireadh a shaoil, aithníodh é, mar aon le Baudelaire agus Rimbaud, mar cheannródaí i bhforás na filíochta nua-aimseartha.

Stéphane Mallarmé (1842-1898):

Múinteoir Béarla, a chaith a shaol go ciúin staidéartha, ach a áiríodh ina ainneoin sin ar líon na 'poètes maudits' mar aon le Corbière, Rimbaud agus leis an údar féin in aistí clúiteacha Verlaine. Bhí an cháil tuillte aige mar gurbh eachtra inmheánach a bhí ina shaothar ar fad. Ní raibh de chreideamh aige ach san Idéal, eisint fhoirfe na rudaí forimeallacha, agus ba í an fhilíocht cultas an chreidimh. 'Tá an domhan ann', adeireadh sé, 'chun leabhar álainn a chur ar fáil'. Ba í a aisling an leabhar sin a scríobh, ar nós liotúirge na beithe. Bheadh friotal na filíochta doiléir mar sin, *hermétique*. Tá an tnúthán sin an Idéil léirithe sa dán *Feothan farraige* mar bheadh gairm na bóchna móire ann.

Arthur Rimbaud (1854-1891):

File réabhlóideach i gceart, arb é tionchar Baudelaire an ceann is mó atá le brath air, b'áil leis a shaol agus a shaothar a bheith ina n-aon eachtra mhór amháin, eachtra fise agus fáistine, *l'aventure du voyant*. D'éalaigh sé ó thíorántacht a mháthar ag tús an chogaidh in 1870, a bhfuil cuimhne de le fáil sa dán *Codlatán an Ghleanna*. D'imigh sé leis go Páras arís i ndeireadh 1871 ar cuireadh ó Verlaine. I measc na ndánta a thug sé leis bhí *An tÁrthach meisce*, cineál d'insint siombalach ar an eachtra a bhí mar idéal aige, é comhdhéanta d'aislingíocht a aoise leanbaí agus de chuimhní a chuid léitheoireachta ach ar bhuail a phearsantacht a séala chomh héifeachtach sin air go n-áirítear é ar dhánta ceannródaíocha an 19ú haois. Fianaise fós ar a sheachrán siombalach is ea *Seal ar fán dom*. In aois a bhliain a's fiche, d'éirigh sé as an fhilíocht ar fad agus d'imigh leis gur chaith deich mbliana ina thrádálaí i gceartlar na hAetóipe. Tháinig ailse air sa ghlúin agus fuair sé bás i Marseilles in 1891.

Maurice Maeterlinck (1862-1949):

Drámadóir agus file Beilgeach a thréig an dlí ar mhaithe leis an litríocht agus a chaith an chuid is mó dá shaol sa bhFrainc. Níl an oiread sin nuaíochta ina chuid filíochta ach thabhaigh sé cáil dó féin lena dhrámaíocht, a bhris go hiomlán leis an amharclannaíocht réalach a bhí suas in ochtóidí na haoise seo caite. Bhí an-tóir ar feadh i bhfad ar a chuid drámaí siombalacha ar nós *Pelléas et Mélisande* (mar aon le ceol Debussy) agus *An tÉan Gorm*. Chleacht sé stíl allabhrach agus atmasféar misticeach meánaoiseach a rinne ball tábhachtach den ghluaiseacht siombalach de. D'oibrigh sé leis an amharclann turgnamhach, an *Théâtre de l'Oeuvre*, a raibh Lugné-Poë mar stiúrthóir agus príomh-aisteoir inti. Fuair Maeterlinck an Prix Nobel sa bhliain 1911.

Paul Claudel (1868-1955):

Taidhleoir de chuid na Fraince, file agus drámadóir, ba de bhunadh Caitliceach é ach chaill sé a chreideamh faoi thionchar saecularach na meánscoile. Tháinig an creideamh sin ar ais ina shoilsiú tobann oíche Nollag 1887 agus é ag éisteacht na hEaspartan i Notre-Dame i bPáras. Ba chuid bhunúsach dá shaothar é as sin amach, rud a tháinig idir é agus an chuid den phobal léitheoireachta nach raibh dúil acu i gcúrsaí creidimh. San am céanna, bhí go leor Caitliceach drochamhrasach ina leith de thairbhe neamhspléachas a intinne agus neamhchoitiantacht a scríbhneoireachta. Mhínigh sé a theoiricí liteartha, a bhí ceangailte go dlúth lena dhiagacht, in aistí clúiteacha ar nós *L'Art poétique*. Ba dhual don fhile, dar leis, athchruthú a dhéanamh tríd an uiríoll daonna ar an dúlra a chruthaigh Dia. Chuir sé an teoiric i ngníomh ina dheascáin liricí, léithéidí *Cinq Grandes Odes* (as ar baineadh an sliocht atá aistrithe anseo). Tá an liriciúlacht chéanna ag baint lena dhrámadóireacht, áit a gcuireann sé friotal rithimiúil ar théamaí a bhfuil inspioráid Chaitliceach laistiar dóibh. Bíonn an teannas drámatúil bunaithe go minic ar an fhreasúra idir mhianta an chroí agus tnúthán an anama. Tá an bhrí mhisteach seo le fáil go tréan in *L'Annonce faite à Marie* (An Teachtaireacht chuig Muire), *L'Otage* (An Giall) agus *Le Soulier de satin* (An Bróigín Sróil), drámaí a bhain ionad lárnach amach dá n-údar in amharclannaíocht na Fraince sa chéad leath den aois seo.

Paul Valéry (1871-1945):

De bhunadh Corsaiceach agus Iodálach, ba dhalta dílis é le cultúr na Meánmhara a d'fhág an grinneas intleachtúil in uachtar ina íogaireacht. Níor theastaigh uaidh a shaol a chaitheamh le litríocht agus chuir sé isteach beagnach triocha bliain ina statseirbhíseach nó ag obair don áisíneacht nuachta Havas, rud áfach a d'fhág neart am saor aige. Bhí spéis aige riamh san fhilíocht (ba chara le Mallarmé é) agus teacht aige freisin ar shaol na healaíne mar go raibh sé i gcleamhnas le Manet agus Berthe Morisot, ach bhí sé beartaithe aige é féin a thiomnadh ar fad don smaoineamh agus don féin-eolas. Tar éis fiche bliain sa chaoi sin, d'éirigh leis an fhoilsitheoir Gallimard a áiteamh air filíocht a óige a chur i gcló. (Sampla di is ea *Ainnir an tSníomhacháin* anseo). Cuireadh fáilte mhór roimh na dánta sin, agus lean sé leis ag cumadh dánta go cionn ceithre bhliain (ina measc an ceann is clúití leis, *An Reilig cois na Mara*, machnamh agnóiseach ar an bheatha agus an bás i bhfoirm íomhánna den solas agus den scáth, den ghluaiseacht agus den stad). Bhí clú domhanda air i ndeireadh a shaoil, ach is beag tionchar a bhí aige ar fhilí óga de bharr a theibíocht agus a dheismíneacht agus a bhí a shaothar.

Charles Péguy (1873-1914):

D'éag Péguy an chaoi a mhair sé, i mbun cathaíochta. File, smaointeoir, fear cúise agus cointinne, maraíodh é ar cheann a chuid saighdúirí i gcéad mhí an Chogaidh Mhóir ag an Marne. Níorbh fhéidir a chlaonadh i leataoibh ón ghníomh a mheas sé a bheith ina dhualgas air nó ón fhírinne mar ba léir dó í a fhógairt go neamhbhalbh. Rinneadh neamhshuim de ina bheatha, mar bhí naimhde tioncharacha aige, ach fuair sé aitheantas iarbháis go forleathan. Mac le siúinéir, tógadh beo bocht é i dteaghlach Caitliceach, agus fuair sé ard-oideachas trí scoláireachtaí a ghnóthú. Ba shóisialach cruthanta é, cé nár réitigh sé leis an Pháirtí Sóisialach, agus ba Chaitliceach creidmheach é cé nár chleacht sé a chreideamh agus gur mhinic an-cháinteach é ar an Eaglais. Bhunaigh sé, agus reachtáil go lá a bháis, iris dar teideal *Cahiers de la Quinzaine* (Cóipleabhar na Coicíse), agus é mar mhanadh aige 'an fhírinne a insint'. De thaisme, thug sé faoi bheathaisnéis Shiún d'Arc a scríobh agus d'iompaigh an saothar amach ina dhán fada drámatúil a léiríonn buntéamaí a smaoinimh, an ceartas sóisialta, grá misteach do thír na Fraince agus spioradáltacht Chaitliceach. Scríobh sé sraith de dhánta fada ar thug sé *Mystéres* orthu i gcuimhne ar dhrámaí creidimh na Meánaoise agus ar éirigh leis an blas diaganta tíriúil céanna a chruthú iontu. Sort liodáin is ea iad, a saolaítear an smaoineamh iontu go mall trí obair fhoighdeach, ar nós luain an oibrí nó an fheirmeora. An dá shliocht atá anseo, samplaí is ea iad de théamaí úd an tírghrá agus an chreidimh.

Guillaume Apollinaire (1880-1918):

Buachaill báire a b'ea Gulielmus-Apollinaris-Albertus de Kostrowitzky, mac nádúrtha le cailín Polainneach ar deoraíocht sa Róimh agus oifigeach in Arm na hIodáile. Fuair sé scolaíocht mhaith i Monaco trí chineáltas an Ard-Easpaig (ba ghnách le Guillaume a mhaíomh gur mhac leis an Easpag é féin). Fuair sé post bliana mar oide príobháideach i dteaghlach uasal Gearmánach i 1907, áit a bhfuair sé dúil i gcultúr na tíre sin mar is leir ó *Oíche cois Réine* anseo agus mar ar thit sé i ngrá den chéad uair—le cailín Sasanach a bhí ina hoide ann freisin. Ar ais i bPáras, is é an cara cuideachtúil é ag ealaíontóirí agus scríbhneoirí óga na linne, Picasso, Vlaminck, Max Jacob. Bhí dúil aige i ngach cineál nuaíochta agus turgnaimh liteartha. Deirtear gurb é a bhaist a ainm ar an Chúbachas agus gurb é a chuir tús leis an phoncaíocht a fhágáil ar lár ina chuid véarsaí. Rud a rinne sé ina chéad bhailiúchán, *Alcools*, a d'fhoilsigh sé faoin ainm pinn, Guillaume Apollinaire, agus as ar roghnaíodh an dá dhán eile dá chuid atá aistrithe anseo. Aithníodh é mar mhórfhile liriciúil de thairbhe dánacht a shamhlaíochta, géire a iomas fileata agus a iógaireacht ealaíne. Bhreathnaigh sé ar an fhilíocht mar chineál de thaiscealadh ar thaobh cheilte na réaltachta, agus ba é a cheap idé an osréalachais, agus go deimhin an focal féin. Goineadh go dona é sa Chogadh Mór, agus cé gur tháinig sé as go maith, cailleadh é leis an ulpóg mhór i 1918.